Eva Lezzi

Die Großstadtdetektive

Wer schnappt den Dieb?

Eva Lezzi hat mehrere Kinder- und Jugendbücher zu jüdischen und transkulturellen Themen publiziert und schreibt Drehbücher für Kinderfilme. Sie liest gerne in Schulen und gibt Schreibworkshops.

Eva Lezzi

Mit Illustrationen von Daniela Kohl

Dieses Buch ist erhältlich als:
ISBN 978-3-407-75934-4 Print
ISBN 978-3-407-75935-1 E-Book (EPUB)

© 2024 Beltz & Gelberg
in der Verlagsgruppe Beltz · Weinheim Basel
Werderstraße 10, 69469 Weinheim
Alle Rechte vorbehalten
Lektorat: Isabelle Ickrath
Umschlaggestaltung und Illustrationen: Daniela Kohl
Herstellung und Satz: Elisabeth Werner
Druck und Bindung: Beltz Grafische Betriebe, Bad Langensalza
Beltz Grafische Betriebe ist ein klimaneutrales Unternehmen
(ID 15985-2104-100).
Printed in Germany
1 2 3 4 5   28 27 26 25 24

Weitere Informationen zu unseren Autor:innen und Titeln
finden Sie unter: www.beltz.de

Inhalt

1. Der Unsichtbarkeitszauber

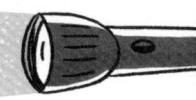

Könnte Jona doch zaubern! Er schließt die linke Hand zu einer Faust. Nacheinander schmiegen sich die Finger um den eingeknickten Daumen und lassen ihn verschwinden. Immer wieder. *Eins, zwei drei, vier – Dunkelheit komm zu mir.* Aber das hilft natürlich nichts. Jona kann nicht zaubern. Er wird nicht unsichtbar, die Kinder starren ihn noch genauso an wie vorher.

Also Trick Nummer zwei: sich wegbeamen. Am liebsten ans Meer und dort gleich in die Wellen rennen und abtauchen. Jona ist der weltbeste Taucher. »Ein halber Fisch«, sagt Papa immer. Aber das stimmt nicht. Im Wasser ist Jona ein ganzer Fisch. Im Süßwasser kann er die Augen sogar ohne Taucherbrille weit offen halten, die Brille braucht er nur im Meer, damit das Salz nicht brennt. Er liebt die Landschaften, die die Wellen auf dem Meeresgrund formen. Manchmal hält Jona die Luft an und schwimmt ein paar kräftige Züge bis hinunter zum leicht gewellten Sand, um eine besonders schöne Muschel hochzuholen.

Am liebsten mag er die doppelten, die an einer Stelle noch zusammengewachsen sind und gemeinsam ihr hell schimmerndes Inneres zeigen. Die Doppelmuscheln muss man beim Schwimmen ganz sorgsam in der Hand bergen, damit sie nicht auseinanderbrechen.

»Du kannst dich dort hinten neben Deniz setzen.«

Wohin soll er sich setzen? Und was hat die Lehrerin sonst noch gesagt? Jona löst den Blick von den braunen Sandalen der Lehrerin, die eine gelbe Blume als Schnalle haben, und schaut in die Klasse.

»Max darf doch wieder neben mir sitzen. Wir müssen nur …«

»Deniz!«, unterbricht die Lehrerin und ihre Stimme klingt plötzlich streng. »Ich erwarte von dir, dass du …«

»Aber Sie haben das versprochen«, sagt der Junge. »Voll ungerecht.«

Mehr hört Jona nicht, um ihn herum ist blaugrünes Wasser, das alle Geräusche und Bilder dämpft und nur noch ein paar Sonnenstrahlen als lange, hell tanzende Lichtkegel durchlässt. Die Hand der Lehrerin legt sich auf seine Schulter und schiebt Jona sanft und doch bestimmt in das Klassenzimmer. Jona muss zwischen zwei Bankreihen hindurch nach hinten gehen. Dabei glotzen ihn ganz viele Augenpaare an wie neugierige Fische. Der maulende Junge, neben den er sich setzen soll, trägt ein rotes Basecap. *DENIZ* steht in großen schwarzen Buchstaben drauf. So ein richtiges Angeber-Käppi. Nein, eher eins für kleine Kinder, die stolz darauf sind, ihren eigenen Namen lesen zu können.

»Was geht?«, fragt der Junge. »Was guckst du so blöd?!« Verlegen senkt Jona den Blick und setzt sich endlich hin.

Dieser Deniz hat seine Sachen über das ganze Pult verstreut. Auch über die Tischhälfte, die Jona gehören soll. Jona schiebt ein paar Stifte und eine offene Brotbox mit Nüssen und Datteln auf Deniz' Seite.

»Pfoten weg!«, flüstert der Junge und klappt die Brotbox zu.

Jona tut so, als ob er ihn nicht gehört hätte, und packt seine Sachen aus. Zuallererst das Federmäppchen mit dem großen Seestern.

»Ist ja voll uncool«, sagt Deniz.

Wieder reagiert Jona nicht. Aber irgendetwas wird gleich aus ihm herausplatzen. Tränen oder eine Riesenwut. So eine Wut, dass Jona aufsteht und den Tisch schräg kippt. Das ganze Zeug von Deniz würde auf den Boden purzeln in einem großen Durcheinander aus Nüssen, Heften und Büchern. Jona wird selten richtig wütend. Aber wenn, dann kracht es richtig.

»Ich hab's gesehen«, flüstert der Junge. Jona schaut nicht hin, spürt aber, dass Deniz grinst. »Dein Vater hat dich zur Schule gebracht. Und du hast seine Hand festgehalten.«

Jona wird knallrot. Er hat Papas Hand tatsächlich zu spät losgelassen. Da standen sie schon mitten auf dem

9

Schulhof und wurden von ein paar Kindern beobachtet. Die Schülerinnen und Schüler fingen an zu lachen, als Jona sich plötzlich losriss.

»Papa-Baby«, flüstert der Junge.

Tränen steigen Jona in die Augen. Er stützt seinen Kopf in die Hand und schirmt sein Gesicht ab. Deniz darf die Tränen nicht bemerken. Auf keinen Fall. Jona wischt sich mit der freien Hand übers Gesicht, schluckt und konzentriert sich ganz fest auf die Fische, die er und Sophie beim Schnorcheln in der Ostsee gesehen haben. Ein riesiger Schwarm Heringe, die glitzerten, wenn sie sich rasch bewegten. Immer wieder änderte sich die Form des Schwarms, bis er in einem großen Bogen verschwand. Das war am Anfang der Sommerferien, also vor wenigen Wochen. Aber es fühlt sich an wie vor vielen Monaten. In dieser Zeit ist nämlich das Schrecklichste vom Schrecklichen passiert: Jona und seine Familie sind aus Lübeck weggezogen. Und jetzt sitzt Jona hier neben diesem Deniz. Und der wird in der nächsten Pause bestimmt allen erzählen, dass Jona ein Papa-Baby ist, und noch viel mehr fiese Sachen.

Jona starrt nach vorne und versucht, der Lehrerin zuzu-
hören. Sie erzählt irgendetwas von Zahlen. Wahrscheinlich
ist Mathe dran. Direkt vor Jona sitzt jemand mit dunklen
Locken, die in alle Richtungen zeigen. Die Locken wippen
leicht, sie spielen Fangen mit dem Sonnenlicht und dem
tanzenden Staub im Klassenzimmer. Plötzlich dreht sich
der Lockenkopf nach hinten. Es ist ein Mädchen. Es hat
etwas in der Hand. Blitzschnell macht das Mädchen mit
seinem Handy ein Foto. Ein Foto von ihm, Jona. Der Un-
sichtbarkeitszauber ist endgültig vorbei, missglückt, kaputt.

»Das darf sie nicht!«

»Laura fragt dich doch nicht, ob sie Fotos machen darf!«
Deniz lacht und vergisst sogar, zu flüstern.

»Was fragt Laura nicht?«, will die Lehrerin wissen.

Aber niemand gibt ihr eine Antwort.

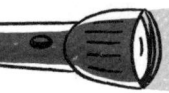

2. Irina

In der Pause kommt ein Mädchen auf Jona zu. Sie hat kurze Haare, fast wie ein Junge.

»Ich heiße Irina.«

Das Mädchen lächelt. Zwischen ihren beiden oberen Schneidezähnen ist eine große Lücke zu sehen, in ihren Wangen zwei Grübchen. Jona lächelt zurück.

»Ich bin Jona.«

Aber das weiß Irina natürlich schon. Sie zeigt Jona den Schrank mit den Buntstiften, den Scheren, Farbkästen, Bleistiften und Radiergummis. Die Stifte und Bastelsachen dürfen sie immer benutzen, müssen sie aber bis Schulschluss wieder in den Schrank einräumen. Am Rand von jedem Stift, überhaupt an jedem Ding, ist ein grüner Punkt, auf dem ein C steht. Der Punkt mit dem C ist mit einem dünnen Streifen Tesafilm befestigt.

»Wieso ein C?«

Irina schaut ihn an, als ob er ein bisschen doof wäre.

»Vielleicht weil wir in der 4c sind?«

Jona nickt. Er ist nicht doof. Er ist nur neu in der Klasse. Neu in der Schule und neu in dieser riesigen, hässlichen Stadt mit den mehrspurigen Straßen. War die noch nie irgendwo neu? Jona auch nicht. Sogar Neusein ist neu für ihn. Kein schönes Gefühl.

»Ich kann einen Tintenfisch für dich zeichnen«, sagt Jona plötzlich und ist selbst mindestens so überrascht wie Irina. Er nimmt ein Blatt und skizziert mit raschen Strichen einen fetten schwarzen Kraken mit acht langen Armen voll von Saugnäpfen.

»Für mich?«, fragt Irina, während sie Jona über die Schulter blickt.

Jona nickt.

»Schau mal, hier stößt der Tintenfisch seine Tinte aus. Seine Feinde verschwinden dann in einer Tintenwolke. Sie sehen nichts mehr und der Tintenfisch kann abhauen.«

»Ist ja voll das coole Versteck«, lacht Irina. »Aber andersrum. Der Fisch selbst versteckt sich überhaupt nicht.«

»So was hätte ich vorher gerne mal gehabt«, sagt Jona. »Alle haben mich angestarrt wie so 'n Alien.«

»Total doof«, bestätigt Irina. »Wir sind vor zwei Jahren hierhergezogen und ich konnte noch nicht mal Deutsch.«

»Echt?«, fragt Jona. »Merkt man gar nicht.«

Irina zuckt mit den Schultern.

»Wir sollten rausgehen«, sagt sie und legt die Zeichnung auf ihren Platz. »Schulregel Nummer eins: Wir müssen die ganzen Pausen auf den Schulhof. Komm, ich zeig dir den Weg.«

Vor dem Klassenzimmer tritt Irina mit dem Fuß gegen die Tür, die hinter ihr zufällt. Aber Jona hat die Box mit dem Pausenobst im Zimmer vergessen.

»Warte kurz«, sagt er.

Doch die Tür ist zu. Statt einer Türklinke hat sie einen runden Knauf mit einem Schlüsselloch in der Mitte. Der Knauf lässt sich nicht drehen, in keine Richtung.

»Zu ist zu«, sagt Irina, und Jona fragt lieber nicht, warum, sonst schaut sie ihn wieder so komisch an.

»Damit niemand was klaut«, erklärt Irina von sich aus. Dann streckt sie Jona etwas Eingewickeltes entgegen.

»Meine Mutter gibt mir sowieso immer zu viele Brote mit. Sie findet mich zu dünn.«

»Quatsch«, sagt Jona. Dann erst fällt ihm ein, dass er sich ja bedanken könnte. Aber Irina hüpft schon die Treppe runter, immer zwei Stufen auf einmal. Jona folgt ihr durchs leere Treppenhaus. Irina stößt die große Tür zum Hof auf. Draußen blendet die Sonne. Kinder wuseln wild schreiend durcheinander. Laura kommt angerannt, packt Irina an der Hand und zieht sie mit sich mit: »Komm schon, wir warten auf dich!«

Auf Jona wartet niemand. Er geht hinter den Mädchen her und schaut zu, wie Laura mit ihrem Handy Fotos von Irina und einem anderen Mädchen, das ein Kopftuch trägt, macht. Die beiden demonstrieren Kickboxschläge. Jona zuckt jedes Mal zusammen, wenn ein gestreckter Fuß erst knapp vor einer Nase abrupt zum Stillstand kommt. Endlich bemerkt Irina den zuschauenden Jona.

»Regel Nummer zwei«, ruft sie lachend: »Handyverbot in der ganzen Schule!«

Irina hat überhaupt keinen Akzent. Wo sie wohl herkommt?

Da ruft das Mädchen mit dem Kopftuch: »Achtung, Hausmeister-Alarm!«

Rasch schiebt Laura ihr Handy in die Hosentasche und die drei Mädchen rennen lachend davon. Langsam geht Jona über den Hof nach hinten zum Fußballplatz. Deniz dribbelt gerade mit dem Ball um einen Gegenspieler und schießt einen ziemlich perfekten Pass zu einem anderen Jungen. Jona fühlt ein Kribbeln in den Füßen, als ob er selbst mit dem Ball weiter Richtung Tor sprinten würde.

»Glotz nicht so!«, ruft einer im Vorbeirennen. War das vielleicht dieser Junge, dieser Max, neben dem Deniz eigentlich sitzen möchte? Jona tut so, als ob Fußballspielen das Langweiligste der Welt wäre, und schlendert möglichst unauffällig weiter.

Am Rand des Pausenhofs setzt sich Jona auf einen

großen runden Stein und wickelt das Brötchen aus, das Irina ihm geschenkt hat. Er klappt die beiden Hälften auf. Zum Glück keine Salami. Als Nächstes zeichne ich für Irina ein Bild mit verschiedenen Fischen, denkt Jona, während er sich den leckeren Honig von den Lippen leckt. Zwischen den Wasserpflanzen schwimmen dann Seepferdchen, und wenn ich ihr das Bild schenke, wird sie wieder so lächeln.

3. Die neue Wohnung

In der neuen Wohnung stapeln sich volle Umzugskisten in jeder Ecke. An den Wänden im Flur lehnen die ausgepackten Kartons, zusammengefaltet und flach gedrückt. Die Kartons sacken immer wieder in sich zusammen, rutschen in den Flur und versperren den Weg zum Klo. So lange, bis Mama sie wieder hochzerrt und einen Hocker oder sonst was davorschiebt. »David«, ruft sie dann durch die Wohnung, »wann räumen wir die Kisten endlich in den Keller?«

Papa gibt keine Antwort. Bestimmt sitzt er mit gerauften Haaren in seinem kleinen Kabuff vor den vielen Notizzetteln, auf die er Wörter oder ganze Sätze in verschiedenen Sprachen kritzelt. Finde-Worte nennt Papa die Zettel und puzzelt sie zu Gedichten zusammen. Papa ist glücklich in seiner Kammer. In Lübeck hatte er kein eigenes Arbeitszimmer. Er schleppte seinen Laptop und die Zettel von der Küche ins Wohnzimmer, vom Schlafzimmer ins Bad. Manchmal, wenn Jona auf dem Klo hockte, fand er gelbe Post-its mit Worten wie »Ratatouille« oder »Mondschein«, auch in Jiddisch und Russisch: »levone-licht« und »lunnij svet«.

Sergej und Jona haben ebenfalls endlich ein eigenes Zimmer. Sergej hat sich natürlich gleich das größere geschnappt. Typisch, so macht er das immer! Als Allererstes hat er seinen roten Boxsack aufgehängt und drischt jede freie Minute drauf ein. Jona mag den Blick aus seinem Fenster auf den Hinterhof, auf dem drei riesig hohe Pappeln stehen und mit ihren langen, dünnen Ästen tanzen, sobald auch nur ein kleines bisschen Wind weht. Die Blätter der Pappeln reiben sich raschelnd und sirrend aneinander und leuchten hell auf, während sie sich im Sonnenlicht drehen und wenden. Manchmal steht Jona am offenen Fenster und hört den Geschichten zu, die die Blätter nur für ihn flüstern.

Mama hat viel zu tun bei ihrer neuen Arbeit in einem Kanzleibüro und kommt sogar am Freitagnachmittag spät nach Hause. Der Tisch ist bereits gedeckt, die beiden Schabbatkerzen und die Schabbatbrote, die unter einem bestickten Tuch liegen, warten.

»Sergej, Essen ist fertig!«, ruft Papa laut, während er die dampfenden Kartoffeln in ein Sieb schüttet.

Endlich hört Jona die Wohnungstür.

»Sorry!«, ruft Mama in die Küche. »Hat etwas länger gedauert. Ich wasch mir nur noch rasch die Hände.«

18

Sergej schlurft in die Küche und klopft Jona erst mal auf den Rücken: »Na, was geht, Kleiner?«

Jona zuckt zusammen. Sergej ist fast drei Jahre älter als er, entsprechend größer und auch ohne sein blödes Boxtraining wäre er viel stärker als Jona. Sergej tut immer so, als ob er Jona nur ganz brüderlich leicht auf die Schultern klopft, und haut dabei viel zu fest zu. Am liebsten dann, wenn Jona nicht damit rechnet.

»Idiot«, sagt Jona.

Und Papa: »Hallo, Schabbat fängt an. Nicht streiten!«

»Nicht streiten, maltschiki!«, sagt auch Mama. Dann umarmt sie einen nach dem anderen und gibt ihnen allen einen dicken Kuss, sogar Sergej, obwohl der sich wegdreht. Mama zündet die Schabbatkerzen an und segnet sie, auch der Wein und die Brote werden gesegnet.

»Schabbat Schalom«, sagen Mama und Papa gleichzeitig und lächeln sich zu.

Beim Essen unterhalten sie sich über Sergejs Bar Mizwa, die in wenigen Wochen stattfinden wird. Aber in welcher Synagoge? In Lübeck war das natürlich längst klar, aber hier in Berlin? Es gibt so viele Synagogen in der Stadt. Und weil die Eltern über alles stundenlang diskutieren, sogar über die Farbe von Kissenbezügen, ist die Wahl der richtigen Synagoge für eine Bar Mizwa natürlich ein nie endendes Thema. Die Eltern zählen so lange alle Vor- und Nachteile auf, bis die Synagogen in Jonas Kopf durcheinanderwirbeln.

Es gibt in Berlin welche, in denen fast alle Russisch sprechen, und andere, in die ganz viele Touristen gehen. Es gibt Synagogen mit großen Glasfenstern und andere mit kleinen Räumen und engen Bänken. Synagogen, in denen sich auch Geflüchtete aus der Ukraine wohlfühlen, und Synagogen, in denen Frauen aus der Tora vorlesen. In anderen dürfen die Frauen nicht in der Nähe der Männer sein. Sie sitzen ganz am Rand oder sogar in einem oberen Stockwerk, was Papa noch mehr empört als Mama.

»Wo leben wir denn?«, fragt er. »Doch nicht mehr im Mittelalter!«

»Tradition, tradition, tradition!«, fängt Mama auf Englisch an zu singen und Sergej hält sich die Ohren zu.

»Vielleicht lasst ihr mich entscheiden?«, ruft er. »Es geht doch um meine Bar Mizwa. Ich soll doch vor allen aus der Tora lesen und in die Gemeinde aufgenommen werden!« Sergej besucht die jüdische Schule und weiß sowieso immer alles besser. Ein Wunder nur, dass er die Synagogen-Diskussion von Mama und Papa so lange ertragen hat. Die Eltern halten erstaunt inne, aber Mama fängt sich rasch wieder.

»Wir sollten uns wenigstens einig sein«, sagt sie, »welche Synagoge wir morgen früh besuchen ... gemeinsam besuchen«, fügt sie hinzu.

Sergej schnaubt hörbar und verdreht die Augen. Dann sagt er: »Okay, morgen gehen wir *gemeinsam* in die Synagoge in der Oranienburger Straße.«

4. Wer pinkelt am weitesten?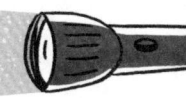

In der nächsten Woche haben sie in der Schule Sport in der Außenanlage an der Spree. Für Jona zum ersten Mal. Lauftraining ist angesagt. Jona rennt gerne – zum Beispiel hinter einem Fußball her. Aber sinnlos im Kreis bei dieser Hitze? Das muss doch nicht sein! Die Sonne knallt so sehr, dass der Belag der 400-Meter-Bahn blendet. Die Bahn ist platt gewalzt und langweilig, keine Bäume am Rand, keine Büsche. Links und rechts Kinder, die wie Jona keuchen, und weiter vorne die Ehrgeizigen, die schneller rennen als ihr eigener Schweiß, der hinter ihnen hertropft.

Endlich sind die vier Runden geschafft. Wasser! Jona spürt, wie das Wasser durch seinen trockenen Mund, durch die Kehle und mitten durch die Brust rinnt. In der Umkleide schöpft er Wasser in beide Hände und spritzt es sich ins Gesicht. Die nächste Ladung kippt er sich über die verschwitzten Haare. Das tut gut! Dann füllt Jona seine Wasserflasche, trinkt sie ein zweites Mal leer und füllt sie wieder. Erst beim Reinschlüpfen in seine Sneakers merkt Jona, dass alle anderen Jungs schon weg sind. Rasch schnappt er sich seinen Beutel und rennt auf die Straße. Weiter vorne entdeckt Jona zum Glück das rote Käppi von Deniz.

Neben Deniz geht Max, natürlich. Jona eilt hinter den beiden her. Max und Deniz überqueren eine große Straße, ganz ohne Ampel oder Fußgängerstreifen, und steigen dann eine schmale Treppe mit schief abgewetzten Stufen hinab zur Spree. Komisch, diesen Weg sind sie auf dem Hinweg auf keinen Fall gegangen, daran würde Jona sich erinnern. Aber vielleicht gibt es eine Abkürzung? Die beiden kicken einen platten Ball, den sie in der Uferböschung entdeckt haben, vor sich her. Jona kann sie leicht einholen. Er räuspert sich.

»Was machst du denn hier?«, fragt Max genervt, als er sich umdreht und Jona entdeckt.

»Ich geh zur Schule. Ihr doch auch?«

Deniz zieht Max am Arm und grinst: »Der Kleine hat sich bestimmt verlaufen. Sein Papa ist nicht dabei.«

»Ist doch ganz einfach«, erklärt Max ihm und zeigt zur Brücke. »Du musst nur die Treppe wieder hoch, nach der Brücke rechts über die Straße und wieder rechts. Dann siehst du schon den großen Zaun, den kannst du entlanglaufen bis zum Haupteingang.«

Jona schaut zurück zur Brücke und ratlos wieder zu den Jungs.

»Jalla, jalla!«, sagen die beiden und drehen sich weg. In diesem Moment reißt ein Windstoß Deniz das Basecap vom Kopf. Jona hechtet zur Seite und erwischt es gerade noch, bevor es in der Spree landet. Er reicht es Deniz.

»Wow, das war knapp. Danke!«

»Kann ich mit euch …«

»Auf keinen Fall!«, sagt Max rasch.

Deniz aber meint: »Lass doch, dann kann er uns wenigstens nicht verpetzen.«

Und zu Jona: »Vallah, du musst schwören, dass du uns nicht verrätst.«

Was soll er nicht verraten? Keine Ahnung. Also kann er es ganz leicht versprechen.

Jona schlendert hinter den beiden her. Als sich Deniz und Max unter den langen, herabhängenden grün-gelben Zweigen einer Trauerweide ans Ufer setzen und ihre mitgebrachten Brote auspacken, wird Jona klar: Die beiden haben gar nicht vor, zum Mittagessen wieder in der Schule zu sein. Sie bleiben einfach an der Spree. Das ist verboten! Max und Deniz unterhalten sich lachend über Sachen, bei denen Jona nicht mitreden kann, über Mitschüler, die er nicht kennt, und über Lehrer, die er nicht halb so witzig findet wie die beiden.

»Iiiiieee. In der Kantine essen sie jetzt Senfeier«, grinst Deniz.

Senfeier sind auch nicht gerade Jonas Lieblingsessen. Trotzdem besser als gar nichts.

»Dann noch lieber Fisch«, sagt Max.

»Fisch ist doch voll lecker«, antwortet Deniz. »In Yalıköy bei meinen Großeltern fangen wir oft selbst Fisch und braten ihn abends am Feuer.«

»Ich hab mal einen Hecht gesehen beim Tauchen mit meiner Freundin Sophie«, entfährt es Jona.

»Was, du hast eine Freundin?!«, sagt Max. »Ha, ha!«

»Echt, einen Hecht?«, fragt Deniz.

»Ja. Er hatte richtig spitze Zähne.«

»Cool«, sagt Deniz und schaut Jona an, als ob er doch nicht nur ein Baby wäre.

»Ich muss mal«, sagt Max. »Los. Wer pisst am weitesten?«

»Ich muss aber nicht«, antwortet Jona. Nach den drei Flaschen Wasser muss er eigentlich schon, und zwar ziemlich dringend. Aber wieso sollte er sich fast nackt zeigen vor diesen Jungs? Vielleicht checken die dann, dass er jüdisch ist? Falls die überhaupt wissen, dass Juden beschnitten sind. Und wenn sie es merken, haben sie erst recht einen Grund, ihn zu ärgern. Damals in Lübeck hat Jona nebenbei mal erwähnt, dass er jüdisch ist und zu Hause Schabbat feiert. Hinterher hat sich Sven bei jeder Gelegenheit über ihn lustig gemacht.

»Komm schon, ich mach auch mit«, sagt Deniz.

Sie stellen sich zu dritt ans Wasser. Max, breitbeinig in der Mitte, zählt auf drei und schreit dann: »Looos!«

Obwohl Jona so dringend muss, ist sein Strahl dünn und kläglich. Er spürt das Grinsen von Max neben sich.

»Äh? Ihr habt ja beide einen komischen Pimmel«, sagt Max. »Bist du etwa auch Türke?«

Max lacht über seinen eigenen Witz so sehr, dass sein Strahl fröhlich hin und her hüpft.

»Du bist echt so ein Idiot«, sagt Deniz.

»Aber ich habe gewonnen!«, lacht Max und zieht sich die Hose wieder zu. Dann zischt er ab, weil Deniz auf ihn losgeht und laut fluchend hinter ihm herrennt. Jona pinkelt zu Ende, schnappt seinen Sportbeutel und geht in die gleiche Richtung. Ob er die beiden wiederfindet oder nicht, ist ihm egal. Schlimmer kann der Tag eh nicht mehr werden. Aber Max und Deniz sind nicht zu überhören: Auf dem nahen Spielplatz kugeln sie ineinander verknäult über den Sand und beschimpfen sich gegenseitig lautstark. Sie rollen gefährlich nahe an die Sandburg, neben der ein kleines Mädchen steht. Jona schließt reflexartig die Augen und schon hört er den Schrei des Mädchens: »Nein! Meine Burg!« Das Mädchen heult laut, während die Jungen mit ihren Rücken und strampelnden Beinen die Burg platt-walzen. Die Mutter ruft: »Achtung! Passt doch auf!«, und: »Die müsst ihr wiederaufbauen!«

Endlich kapieren Max und Deniz, dass die Aufregung rundherum ihnen gilt. Sie lassen voneinander ab und rappeln sich hoch.

»Ups, 'tschuldigung!«, sagt Max zu der Mutter und schüttelt den Sand aus seinem T-Shirt. Dann schieben Max und Deniz mit ihren Händen einen neuen Sandberg zusammen. Das Mädchen hört auf zu heulen und verteilt großzügig seine Schaufel, die Förmchen und den Eimer.

»Du darfst auch mitmachen«, sagt das Mädchen zu Jona, der unschlüssig danebensteht. Jona kriegt einen grünen Seestern in die Hand gedrückt. Was hat der auf einer Burg verloren? Hier mitten in Berlin? Sowieso ist der Sand zu trocken und die Arme des Seesterns bröseln. Aber das Mädchen ist begeistert und kommandiert die drei Jungs rum: Dieser Turm soll höher sein und dort muss ein Fenster hin und hier war ein Wassergraben.

»Mehrere Fenster«, grinst Max. »Für den wöchentlichen Pinkelwettbewerb direkt in den Graben.«

Deniz schaufelt ein tiefes Loch auf dem Burghof und umrahmt es mit einer Mauer.

»Ein Ziehbrunnen«, erklärt er dem Mädchen und zu Max sagt er: »Nachschub!«

Sogar Jona muss lachen bei der Vorstellung, wie die Jungs, die in dieser Burg wohnen, Wasser aus dem Ziehbrunnen schöpfen und literweise trinken, um danach möglichst weit pinkeln zu können. Weiter noch als der Wassergraben!

5. Zu spät – das Schultor ist zu!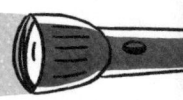

»Ey, Mann«, schreit Max mit Blick auf sein Handy. »Es ist gleich eins! Das schaffen wir niemals.«

Die beiden springen auf.

»Unser Zeug!«

Sie rennen zurück zur Trauerweide, und als sie mit ihren Sporttaschen wieder beim Spielplatz vorbeikommen, spurtet Jona mit ihnen zur schmalen, rutschigen Treppe, die hoch zur großen Straße führt.

»Ich kann mir keinen Eintrag ins Klassenbuch mehr leisten!«, schnauft Max. Seine Stimme klingt, als ob er gleich losheulen würde. »Sonst bekomme ich einen Elternbrief.«

Zu dritt rasen sie über die Brücke, müssen dann aber an der roten Ampel stehen bleiben. Der Verkehr ist plötzlich so dicht, dass keine Lücke bleibt. Max tänzelt nervös hin und her.

»Sag Frau Mützel, dass ich krank bin. Bauchschmerzen oder so«, ruft er und rennt einfach geradeaus weiter.

Endlich schaltet die Ampel auf Grün. Jona eilt hinter

Deniz her. Ja, stimmt, hier ist der Zaun, den müssen sie entlang, einmal um die Ecke und da ist auch schon das Tor. Es ist abgesperrt. Vergeblich rüttelt Deniz an der Türklinke und am Gitter.

»Scheiße!« Deniz schlägt mit der Faust gegen seine andere, offene Hand. »Scheiße, scheiße, scheiße!«

Dann sagt er zu Jona: »Wir müssen den Hausmeister rausklingeln. Mann, wir müssen uns was ausdenken. Du darfst uns nicht verraten. Vallah, du hast es geschworen!«

Jona nickt und Deniz drückt auf den Klingelknopf. Die beiden warten. Nichts passiert. Irgendwann drückt Deniz den Klingelknopf noch einmal, nun etwas länger. Wieder warten sie. Deniz schaut sich um, wippt auf und ab, zappelt hin und her. Wie der Hampelmann, der in Lübeck über meinem Bett hing, denkt Jona.

»Guck mal«, sagt Deniz zu Jona und zeigt auf ein Fahrrad mit Anhänger, das am Schulzaun lehnt. *MoMo* steht in dicken fetten Buchstaben auf der Seitenplane. »Das Fahrrad wär doch was für euch!«

»Warum?«

»Dann könnte dein Papi dich im Anhänger zur Schule fahren.«

»Ha, ha«, antwortet Jona und etwas leiser: »Idiot!«

»Ey, was hast du gesagt?! Werd nicht frech!«

Deniz schaut Jona drohend an, aber Jona hält seinem Blick stand. Ist doch wahr! Außerdem hat Deniz zu Max

auch »Idiot« gesagt und trotzdem waren die beiden nachher wieder beste Kumpels. Deniz senkt den Blick als Erster und wippt und zappelt weiter. Ha! Gewonnen!

Der Hausmeister kommt angeschlurft und schließt das Tor auf. Er flucht, Deniz murmelt irgendeine Entschuldigung und Jona blickt auf den Boden. Er sieht die ausgelatschten Sandalen des Hausmeisters und daneben taucht plötzlich ein Paar Turnschuhe auf. Sie sind grün und haben an der Ferse einen runden schwarzen Kreis, durch den ein gezackter Blitz fährt. Ein junger Mann schlüpft am Hausmeister vorbei durchs offene Tor.

»Ich meld mich«, sagt der Mann. Der Hausmeister zeigt keine Reaktion, er ist viel zu beschäftigt mit den beiden Jungs.

»Ab mit euch auf direktem Weg zur Schulleiterin. Der könnt ihr dann eure Märchen erzählen. Und wehe …!«

Wortlos trotten Deniz und Jona durch die stillen Gänge des Schulgebäudes und landen wieder vor einer verschlossenen Tür. Sie zögern. Jona hat die Direktorin bisher nur ein Mal gesehen, als sein Vater ihn bei der Schule angemeldet hat. Frau Yıldız lachte viel und auch sein Vater lachte. Niemals hätte Jona gedacht, dass er so bald wieder vor dieser Türe stehen würde. Deniz klopft. Rasch ertönt ein freundliches: »Herein!«

Frau Yıldız hebt erstaunt die Augenbrauen. Über die Story, die Deniz dann erzählt, ist Jona fast ebenso überrascht wie Frau Yıldız. Nur, dass er es sich nicht anmerken lassen darf.

Also, nach dem Mittagessen sei Jona einfach vom Schulhof abgehauen. »Wissen Sie, er hat geweint und wollte sich vor den anderen verstecken. Aber ich bin natürlich hinter ihm hergerannt, um ihn trösten.«

Frau Yıldız schaut Jona ganz betroffen an.

»Was war denn los?«

»Er hat Heimweh nach seinem … Na, eben nach da, wo er herkommt. Und dann war auch noch das Tor zu. Ich meine, als er nicht mehr geweint hat. Und es hat ewig gedauert, bis der Hausmeister kam.«

»Herr Wandrak hat viel zu tun mit den neuen Computern. Die sind nach Monaten endlich geliefert worden.« Die Schulleiterin lacht bitter. Dann betrachtet sie die beiden Jungs ratlos.

»In der Mittagspause vom Schulhof. Das geht gar nicht. Regel Nummer eins.«

»Aber das Motto der Schule heißt doch: Wir sind füreinander da.«

Deniz lächelt ein sehr breites Lächeln. Und Frau Yıldız lächelt tatsächlich zurück. Wie schafft Deniz das?

»Na dann, ab mit euch in euer Klassenzimmer!«

Frau Yıldız hustet. Oder lacht sie und will es nicht zeigen?

»Und pass gut auf deinen neuen Freund auf«, ruft sie den beiden hinterher.

Der Flur ist leer. Sie gehen rasch vorbei an geschlossenen Klassenzimmern, aus denen man manchmal Stimmen hört. Eine Klasse singt ein Lied über den Sommer; an den Kleiderhaken hängen Jacken und Turnbeutel; bei einem Spind steht die Tür halb offen, an der Innenwand hängt ein Poster von Ronaldo. Jona ist stinksauer. Deniz hüpft vor ihm her die Treppe hoch zu ihrem Stockwerk.

»Das war fies von dir.«

Der Satz bleibt hinter Deniz' Rücken in der Luft hängen. Deniz dreht sich um und wischt Jonas Worte einfach mit einer ärgerlichen Handbewegung weg.

»Besser, als den ganzen Nachmittag mit Herrn Wandrak den Hof sauber machen. Oder?«

»Du hast mich voll lächerlich gemacht.«

»Und du bist voll undankbar, Vallah! Coolman Deniz hat dich gerettet vor der Strafe der großen Herrscherin des Schuluniversums. Und du? Du heulst mal wieder rum.«

»Deinen eigenen Arsch hast du gerettet.«

Auf ihrem Stockwerk ist es ungewöhnlich laut. Die Tür vom Klassenzimmer steht offen. Drinnen rufen und schreien die Kinder durcheinander.

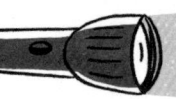

6. Das geklaute Handy

Alle Mitschüler stehen um Laura und reden auf sie ein. Laura gestikuliert wild, schüttelt immer wieder den Kopf, antwortet etwas. Was sie sagt, bleibt unverständlich. Warum hat der Unterricht nicht längst begonnen?

»Wo wart ihr?«, fragt Frau Mützel. »Warum kommt ihr erst jetzt?«

»Wir ... äh, wir ...«, fängt Deniz an.

»Wehe!«, unterbricht ihn Jona, während die Falte über Frau Mützels Nase immer tiefer wird.

»Wir waren im Klassenzimmer«, fährt Deniz fort. »Dann kam Herr Wandrak und hat uns zu Frau Yıldız geschickt. Weil wir das über Mittag doch nicht dürfen.«

Jetzt erst merkt Deniz, dass alle Kinder ihn anstarren. Es ist totenstill im Raum. Hilfe suchend lässt Deniz seine Blicke über die schweigende Klasse streifen. Niemand reagiert. Deniz räuspert sich nervös: »Ich wollte doch Jona nur den Schrank mit den Bastelmaterialen zeigen. Wegen Kunst.«

»Die waren es!«, ruft ein Mädchen plötzlich und das Stimmengewirr schwillt wieder an.

Auf einmal steht nicht mehr Laura in der Mitte, sondern Jona und Deniz. Die Kinder rücken näher, schließen einen Kreis um die beiden.

»Ihr wart es!«

»Nur ihr wart im Klassenzimmer.«

»Ihr habt Lauras Handy geklaut!«

»Nein, das haben wir nicht!«, rufen Deniz und Jona gleichzeitig. Die Mitschüler glauben ihnen kein Wort. Auch nicht, als Deniz vor ihren Augen seine Hosentaschen leert. Beim Ausstülpen rieselt Sand auf den Boden.

»Schauspieler!«

»Hältst du uns für blöd?«

»Ihr habt das Handy woanders versteckt.«

Deniz hechtet zu seinem Platz und macht sich daran, den Inhalt seines Rucksacks auszukippen. Stifte rollen über den Tisch, Fußballbildchen purzeln raus, eine Taschenlampe und die Brotbox.

»Und Jona?«, fragt ein Junge.

»Ja! Was ist mit Jona?«, fragen andere. »Zeig mal dein Zeug!«

Was soll das?! Bisher hat sich doch auch keiner für ihn interessiert! Zögerlich packt Jona seine Hefte und schließlich ein Buch aus seinem Schulranzen. Ausgerechnet eines mit kyrillischen Buchstaben. Es ist das russische Märchenbuch, das er von Opa bekommen hat. Ein großer Vogel mit drei orange-rot-goldenen Federn im Schnabel ist drauf abgebildet. Es ist sein Lieblingsbuch, aber das geht niemanden was an.

»Schluss jetzt! Ab auf eure Plätze!«

Frau Mützel scheucht die Kinder auseinander, während Jona sein Buch wieder im Ranzen verstaut. Frau Mützel murmelt sowas wie »teure-Handys-gehören-wirklich-nicht-in-die-Schule« und laut sagt sie: »Ihr dürft die beiden nicht einfach beschuldigen! Ihr habt keine Beweise. Niemand weiß, wo Laura ihr Handy liegen gelassen hat.«

»Was wollen Sie damit sagen?«, fragt Laura spitz.

Auch andere Kinder schnauben empört. Laura hat offensichtlich einen ganzen Fanclub in der Klasse, der ihr immer alles glaubt. Und die beiden Jungs werden verdächtigt, ausgerechnet von ihr etwas gestohlen zu haben! Außerdem ist Laura Irinas beste Freundin und auch Irina schaut ihn ganz komisch an. Irina denkt jetzt, er sei ein Dieb.

»Handys sind in der Schule verboten!«, sagt Frau Mützel.

»Aber ich brauche es nach Schulschluss«, antwortet Laura und wieder nickt ihr Fanclub.

»Jetzt reicht's!«, ruft Frau Mützel. »Wir fangen mit dem Unterricht an! Ihr habt alle bis heute die Geschichte gelesen von der Krabbe, die nicht mehr rückwärtslaufen wollte.«

Es stimmt gar nicht, dass Krabben immer nur rückwärts oder seitwärts laufen. Es gibt welche, die können sich unter

Wasser hochkurbeln wie kleine Propellermaschinen und ihre Feinde angreifen. Jona hat es beim Schnorcheln selbst erlebt. Total gruselig! Aber von so was haben die hier keine Ahnung.

»Ich will mein Handy zurück!«, zischt Laura, die sich zu den Jungs nach hinten gedreht hat.

Jona zuckt zusammen. Dann reißt er eine Ecke Papier aus seinem Heft und kritzelt drauf:

»Lass uns die Wahrheit sagen!«

Er schiebt den Zettel rüber zu Deniz und bekommt auch prompt eine Antwort, die Deniz auf die Rückseite des Papierfetzens geschrieben hat:

»Niemals! Du hast es geschworen!«

Jemand entreißt ihm den Zettel. Wo kommt Frau Mützel so plötzlich her? Jona kann sich vor Schreck kaum noch rühren. Er starrt auf seinen Tisch und hört, wie Frau Mützel den Zettel ärgerlich zerknüllt.

»Schaut mal besser zu, dass das Handy rasch wiederauftaucht!«

Sie sagt es zwar leise, aber ihre Stimme klingt drohend.

35

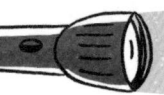

7. Jona und Deniz raufen sich zusammen

In der nächsten Pause redet Deniz auf Laura ein und gestikuliert dabei wild. Laura dreht ihm jedoch einfach den Rücken
zu, packt Irinas Hand und rennt mit ihr weg. Deniz hockt
sich auf die Lehne einer Bank und lässt den Kopf hängen.

»So ein Mist«, stöhnt er.

»Laura macht sich vielleicht nur wichtig«, versucht Jona
zu trösten.

»Das hat sie doch gar nicht nötig. Du hast ja keine Ahnung!«

»Du dafür, du Oberchecker.«

Jona lässt Deniz auf seiner Bank sitzen und schlendert
davon. Deniz kann ihn mal! Aber Deniz springt auf und
eilt ihm hinterher: »Lass uns gemeinsam rausfinden, wer
das Handy geklaut hat.«

Aha, denkt Jona, jetzt auf einmal.

»Bitte«, sagt Deniz. Aber Jona ist nicht sicher, ob er
richtig gehört hat, weil gerade die Pausenklingel schrillt.
Also muss er auch nicht antworten.

Am Platz sagt Deniz noch einmal: »Bitte, lass uns das Handy gemeinsam finden.«

Jona nickt und ist selbst überrascht. Was geht ihn das blöde Handy der blöden Laura an? Na ja, vielleicht ungefähr so viel wie Irinas Grübchen, wenn sie lächelt.

»Wer kann das gewesen sein? Mann! Wer hat das Handy geklaut?«, fragt Deniz nach Schulschluss, während die beiden Jungen nun zu zweit auf der Bank im Hof hocken.

»Vielleicht Max? Der ist voll neidisch auf das teure Handy. Hat er dir doch gesagt.«

»Du spinnst! Max ist mein Freund.«

»Und wieso hatte er plötzlich Bauchschmerzen und ist abgehauen?«

»Mann, bist du blöd? Der hat schon eine fette Verwarnung.«

»Wehe, du sagst noch einmal, dass ich blöd bin!«

Deniz sagt gar nichts mehr und auch Jona ist still und brütet vor sich. Soll er zur Schulleiterin gehen und sie darum bitten, allen die Wahrheit zu erzählen? Die Wahrheit, haha! Frau Yıldız denkt doch, Jona hätte draußen vor der Schule geweint. Wie peinlich, wenn sie diese Geschichte vor der ganzen Klasse erzählt. Jona würde neben ihr stehen und sich vergeblich eine Mega-Tintenfisch-Tintenwolke wünschen, die mit einem riesigen Schlurp einfach alle verschluckt.

»Hast du ihre Nummer?«, fragt Jona.

»Die von Laura? Klar!«, antwortet Deniz und wird rot.

»Hey, du bist ja verknallt!«

»Quatsch! Bist du doof?!«

»Ey, ich hab dich gewarnt. Du darfst nie wieder sagen, dass ich doof bin! Sonst …« Jona muss plötzlich lachen, weil Deniz immer noch ganz rot ist.

»Ruf sie an«, schlägt Jona vor. »Vielleicht ist das Handy ja längst aufgetaucht.«

Deniz wählt Lauras Nummer.

»Stell auf laut!«, verlangt Jona.

Aber Deniz' Handy tutet ins Leere. Immer wieder lauschen die beiden Jungs enttäuscht dem Tut-Tut-Tut. Deniz wählt die Nummer noch ein letztes Mal und zuckt zusammen.

»Hallo?«, ertönt plötzlich eine Stimme.

»Haben Sie das Handy geklaut?«, schreit Deniz.

Natürlich legt der andere sofort wieder auf.

»Du Idiot!«, ruft Jona und reißt Deniz das Handy aus der Hand.

Jona drückt auf Wahlwiederholung und zum Glück meldet sich die Stimme wieder.

»Ich habe es gefunden«, sagt die Stimme. »Hier zwischen den Seilen.«

Klingt nach einer Kinderstimme. Aber von was für Seilen spricht dieses Kind?

»Das Handy gehört meinem Freund«, lügt Jona. »Wo bist du?«

»Auf dem Schiff. Mit Oma und Opa.«

»Auf welchem Schiff?«, fragt Jona und hört wie zur Antwort die scherbelnde Lautsprecherstimme des Kapitäns:

»Unser nächster Halt ›Anlegestelle Hansabrücke‹. Achtung, alle im Oberdeck hinsetzen. Achtung, hinsetzen! Lebensgefahr.«

»Hansabrücke!«, brüllt Deniz. »Wir kommen! Los!«

Deniz packt Jona am Handgelenk und zerrt ihn von der Bank. Schon wieder rennen sie wie die Irren: aus dem Schulhof raus und den Zaun entlang. Vorne an der Straßenecke biegt Deniz jedoch scharf nach links ab und rast in eine Richtung, die Jona noch gar nicht kennt.

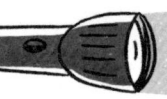

8. Gefährlicher Tauchgang

O nein! Das große Ausflugsschiff dreht sich gerade wieder vom Steg weg, als Deniz und Jona die Stufen zur Spree hinunterspringen. Im hinteren Deck kniet ein Kind auf einer Bank und beobachtet die beiden. Deniz hüpft wie wild auf und ab und schwenkt seine Arme:

»Hierher, schmeiß uns das Handy zu!«

Das vielleicht fünfjährige Mädchen holt weit aus, wirft und … der geworfene Gegenstand landet knapp hinter der Schiffsschraube in den Wellen. Viel zu weit weg vom Ufer verschwindet das Ding in den Fluten der Spree.

»Scheiße, scheiße, scheiße!«

Die Geste dazu von Deniz – Faust gegen Handteller – kennt Jona schon.

»Reg dich ab«, sagt er.

Dann zieht sich Jona bis auf die Unterhose aus und springt ins Wasser.

»Was machst du da?«, fragt Deniz erschrocken. »Manno, das ist doch gefährlich!« Aber Jona hört ihm gar nicht zu.

Er fixiert den ungefähren Punkt, an dem
das Handy abgesoffen ist, schwimmt ein
paar kräftige Züge in die Richtung
und schraubt sich dann nach unten.
Die Augen hält Jona weit offen. Es
ist dämmrig grau und ruhig da unten,
mit den Händen tastet Jona über schlickige
Steine, eine veraltete Glasflasche und Sand, den seine Finger
aufwühlen. Mist, so sieht er gar nichts mehr! Außerdem
geht ihm die Luft aus. Jona drückt sich mit den Füßen vom
Boden ab, schwimmt nach oben und stößt mit dem Kopf
durch die Wasseroberfläche. Er atmet tief ein und aus und
wieder ein, um mit vollen Lungen wieder abzutauchen.
Dieses Mal schwimmt Jona ganz nahe am Grund, ohne
ihn zu berühren, und scannt mit weit offenen Augen jeden
Zentimeter. An einem Stein hat sich eine Plastiktüte ver-
fangen und flattert träge an Ort und Stelle in Richtung der
Strömung. Dort hinten glänzt etwas Helles, das noch nicht
völlig verschlickt ist. Jona schwimmt rasch hin und packt
das rechteckige Ding. Es ist das Handy!

Wieder stößt Jona sich ab, schwimmt ein paar Züge und
schießt mit dem Kopf nach oben. Er japst nach Luft. Am
Ufer steht Deniz, klein und schmal. Er hüpft kein bisschen
rum, sondern starrt nur regungslos in Jonas Richtung,
die Hand für Schatten über den Augen, obwohl da doch
schon sein Käppi ist. Jona hebt den Arm aus dem Wasser

41

und winkt mit der Faust, die sich fest ums Handy schließt. Rasch schwimmt er ans Ufer. Deniz streckt ihm die Hand entgegen und zieht Jona über die hohe Ufermauer zu sich.

»Mann, ey, du kannst doch da nicht einfach so reinspringen!«

»Hast du dir etwa Sorgen gemacht? Du bist ja ganz blass.«

»Quatsch!«

Jona grinst, reicht Deniz das Handy und schüttelt sich Wasser aus den Haaren.

»Baden ist hier strengstens verboten!«, ertönt eine zornige Stimme aus einem Megafon. »Viel zu gefährlich! Wenn ich euch noch ein Mal erwische …!«

Der Angestellte der Reederei hat sich vor sein Häuschen neben der Treppe zur Spree gestellt. Ein paar Touristen warten in der Schlange und beobachten neugierig das Geschehen. Manche lachen, andere ärgern sich offensichtlich über die dummen Jungs.

»Hey, Bro, geht's noch?«

Nein! Ausgerechnet jetzt taucht auch noch Sergej auf! Er ist den Hang zu ihnen runtergejoggt und betrachtet seinen kleinen, halb nackten Bruder abfällig und vorwurfsvoll, während er an Ort und Stelle weitertrippelt, um den Drive fürs Joggen nicht zu verlieren.

»Was machst du denn da? Und dann auch noch mit dem? Hat der Idiot dir was getan? Soll ich ihm die Fresse polieren?«

»Nein, schon gut«, murmelt Jona und muss an das Gespräch zu Hause denken, bei dem er sich über Deniz mit seinem lächerlichen Basecap beklagt hat. Sergej hat ihn gewarnt vor all den Türken und Arabern im Kiez.

»Geht dich nichts an, was wir machen«, sagt Jona. »Lass uns in Ruhe!«

»Vielleicht erzähl ich heute Abend unseren Eltern, dass du in der Spree schwimmen warst. Dann werden wir sehen, ob mich das was angeht oder nicht.«

»Nein! Tu's nicht!«

»Du kannst dir ja was überlegen«, grinst Sergej. »Küchendienst übernehmen für mich oder so was. Bis denne!«

Sergej joggt leichtfüßig den Hang wieder hinauf. Deniz staunt ihm hinterher. Da erst bemerkt auch Jona Sergejs Kippa. Klar doch, sein Superheldenbruder warnt ihn zwar vor den bösen türkischen Gangs im Kiez, hat aber selbst vor niemandem und nichts Angst und trägt sogar beim Joggen seine Kippa gut sichtbar auf dem Kopf.

»Hä?! Bist du auch so ein … so ein Jude?«

Jona antwortet nicht.

»Deswegen bist du so komisch!«, fährt Deniz fort.

Jetzt reicht's aber!

»Du blöder Türke!«, schreit Jona und wirft sich gegen Deniz. Der verliert das Gleichgewicht und landet mitsamt seinen Klamotten und dem eben geretteten Handy in der Spree. Deniz prustet und spuckt Wasser, schmeißt das

Handy auf die Wiese und versucht, sich die Kaimauer wieder hochzustemmen. Keine Chance, immer wieder kracht Deniz zurück ins Wasser. Jona reicht ihm die Hand und zieht ihn raus.

»Sorry. Tut mir echt leid«, stammelt Jona.

»Lass stecken«, antwortet Deniz.

»Baden verboten!«, schreit das Megafon. »Zum Teufel mit euch oder ich hol die Polizei!«

9. Das klatschnasse Detektivteam

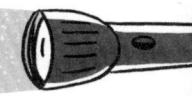

Rasch schlüpft Jona in seine Hose, schnappt seine Klamotten und den Schulranzen und rennt barfuß die Böschung hoch. Mit größtmöglichem Abstand zum Tickethäuschen und dem fluchenden Megafon-Mann. Oben auf der Hansabrücke hört Jona neben sich das Platsch-platsch-platsch von Deniz' nassen Schuhen auf dem Asphalt. Mitten im Rennen muss er lachen.

»Was'n so komisch?«, fragt Deniz.

»Na, du!«, antwortet Jona.

»Ha, ha.«

Aber Deniz scheint nicht wirklich sauer zu sein. Er wird langsamer und zieht Jona auf der anderen Seite des Flusses auf einen kleinen Pfad und schließlich unter eine der Weiden.

»Kann der uns von drüben nicht sehen?«, fragt Jona. »Was, wenn der doch noch die Polizei ruft?«

»Quatsch, das macht der nicht!«

»Hast du das Handy?«, fragt Jona weiter.

»Klar doch!«, antwortet Deniz. »Meinst du, ich lass das einfach liegen? Aptal mısın?«

»Was hast du gesagt?«

»Nichts«, antwortet Deniz und grinst.

Jona schaltet das Handy aus und wickelt es in sein T-Shirt, das einzige Kleidungsstück, das noch einigermaßen trocken ist. Zu Hause wird er das Handy in Reis packen und 24 Stunden trocknen lassen. Jona kennt sich aus. Sergej ist das Handy nämlich mal ins Klo gefallen. Geschah ihm recht, sowieso verbarrikadiert er sich immer viel zu lang im Bad.

»Und dann funktioniert es wieder?«, fragt Deniz.

»Wenn wir Glück haben«, antwortet Jona. »Bei meinem Bruder hat es geklappt. Und dann geben wir es Laura zurück.«

»Tun wir nicht«, widerspricht Deniz.

»Oh doch!«

»Nein, wir müssen erst wissen, wer es gestohlen hat.«

»Müssen wir nicht.«

»Für Laura sind wir erst recht die Schuldigen, wenn wir einfach so wieder mit dem Handy antanzen.«

»Mir egal!«, sagt Jona. »Wir werden eh nie rausfinden, wer das blöde Ding zwischen Schiffstauen versteckt hat.«

»Vielleicht gibt es Fotos, auf denen wir eine Spur entdecken?«, schlägt Deniz vor.

»Du willst ihre Bilder stalken?«, fragt Jona. »Das kannst du doch nicht machen. Das ist so was von verboten.«

Aber Deniz zuckt nur mit den Schultern.

»Na und? Wir müssen wissen, wer es war. Laura jedenfalls nicht und Max auch nicht. Wer ein Handy verscherbeln will, lagert es nicht auf einem Ausflugsboot!«

»Vielleicht war es Aysun?«, überlegt Jona.

»Weil sie Türkin ist, oder was?«

»Mann, weil sie sauer war, dass Laura sie beim Abschreiben der Mathehausaufgaben fotografiert.«

Deniz schaut Jona zweifelnd an: »So was würde die nie tun.«

»Was? Mathe abschreiben? Das konnte doch echt jeder sehen.«

»Nein, Handys klauen!«

Aber dann meint Deniz doch anerkennend: »Was du alles beobachtest! Nicht schlecht, Vallah! Gemeinsam könnten wir ein echt cooles Detektivteam sein. Du der Beobachter, ich der Checker.«

»Du der Checker! Sonst noch was?!«

Überhaupt, was soll das: ein Team mit diesem Angeber, Lügner und Geschichtenerzähler? Echt jetzt?! Trotzdem schlägt Jona einfach in Deniz' ausgestreckte Hand ein, und sein Hirn hat keine Chance, dies zu verhindern.

»Morgen wird uns das Handy den Weg zum geheimnisvollen Dieb weisen«, orakelt Deniz mit dunkler Stimme. »Aber jetzt muss ich nach Hause. Soll ich dich ein Stück begleiten?«

Jona nickt dankbar, er hat nämlich keine Ahnung, wo sie sind. Zu viel Gerenne, zu viele Richtungswechsel, Brücken und Weiden an Uferböschungen, die irgendwie alle gleich aussehen, obwohl das Gras unter manchen Bäumen trockener und abgewetzter ist als unter anderen und hier kein platter Fußball rumliegt, dafür aber leere Bierflaschen.

»Ich muss in die Zwinglistraße, nicht weit von der Schule.«

»Du bist echt komisch«, sagt Deniz, »kannst dir die einfachsten Wege nicht merken.«

»Mann, ich bin neu in Berlin!«

»Na und?!«

Deniz schaut ihn skeptisch an. »Gib's zu, du wusstest auch in Dingsda nie, wo's langgeht.«

»Und du kannst dir nicht mal den Namen Lübeck merken«, faucht Jona. »Dort kenn ich mich supergut aus!«

Natürlich kennt Jona zu Hause jede Straßenecke und weiß genau, an welchem Kiosk es sein Lieblingsschokoeis gibt. Aber es stimmt: Sobald er und Sophie eine größere Entdeckungstour machen, radelt Sophie vorne und weiß immer genau, ob sie links oder rechts abbiegen müssen. Das ist Jona bisher noch nicht mal aufgefallen, es war einfach immer so. Bei ihrem letzten Ausflug sind sie zur Falkenwiese geradelt und Jona hat unterwegs einen Schwalbenschwanz entdeckt. »Halt an!«, hat er Sophie zugerufen. Zusammen konnten sie den Schmetterling lange bewundern, der still auf einer Blüte saß, die schwarz-gelb gemusterten Flügel in der Sonne weit ausgebreitet.

»Wer war es? Was denkst du?«, fragt Deniz.

»Wer war was?«, fragt Jona.

»Bist du blöd? Äh, nein, sorry. Ich dachte, wir sind jetzt ein Detektivteam.«

Tschüss, Schmetterling, denkt Jona und überlegt laut: »Den Schlüssel zum Klassenzimmer hat eigentlich nur Frau Mützel. Aber manchmal, wenn sie in der Pause wohin muss oder so, gibt sie den Schlüssel Kim. Kim ist sowieso ihr Liebling. Immer nimmt sie Kim dran, die muss noch nicht mal richtig den Finger hochstrecken.«

Deniz pfeift durch die Zähne. Das klingt ziemlich anerkennend, wie Jona stolz bemerkt. Von wegen blöd! Aber dann fängt Deniz gleich wieder damit an, dass er der Oberchecker und Systemkenner ist. Der Systemkenner meldet: »Alle Lehrer haben diesen Schlüssel. Der Schlüssel passt nämlich zu allen Klassenzimmern. Und auch der Hausmeister hat ihn!«

Jetzt möchte Jona am liebsten durch die Zähne pfeifen, aber bei ihm würde es nicht so cool klingen wie bei Deniz, also sagt er einfach nur: »Aha! Also auch der Hausmeister!« Das klingt dann doch ziemlich cool, zwar nicht so wie bei Deniz, eher so wie ein richtiger Detektiv, der eine neue Spur wittert.

Die beiden gehen nachdenklich weiter und stoßen auf

einen dunklen Eisenbahnwaggon, der am Straßenrand steht. Der Waggon ist beladen mit großen weißen Marmorblöcken, die die Wände und das Dach nach oben schieben.

»Ein Kunstwerk?«, fragt Jona.

»Hat irgendwas mit euch Juden zu tun«, sagt Deniz, »hat mir meine Mutter erklärt. Weil doch die Juden damals in der Nazizeit in Zügen weggeschafft wurden.«

O nein! Auf keinen Fall will Jona mit Deniz über diese schrecklichen Dinge sprechen, die Papa manchmal in seinen Gedichten beschreibt und die auch Papas Großeltern passiert sind. Das geht Deniz wirklich gar nichts an. Außerdem sagt Mama immer: Wir Juden waren nicht nur Opfer. My borolis!

»Der Großvater meiner Mutter war Soldat«, sagt Jona. »Er war dabei, als Berlin erobert wurde. Als die sowjetische Armee die Nazis besiegt hat!«

Deniz schaut Jona zweifelnd an, so als ob jetzt Jona der Lügner und Geschichtenerzähler wäre.

»Aber ich dachte, ihr seid Juden?«

»Man kann ja wohl beides sein«, sagt Jona, »Jude und Soldat.«

Zum Glück ist da vorne schon das Schulgebäude. Ab hier findet Jona seinen Weg allein.

»Bringst du das Handy morgen mit zur Schule?«, fragt Deniz.

»Nee, zu früh. Das muss einen ganzen Tag lang trocknen.«

»Mist!«, sagt Deniz. »Denn treffen wir uns eben am Nachmittag im Kleinen Tiergarten.«

Deniz hüpft los in seinen Klamotten, die fast schon trocken sind. Nur die Schuhe schmatzen immer noch bei jedem Schritt.

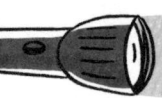

10. Unbekannter Code

Am nächsten Tag flitzt Jona nach Schulschluss rasch nach Hause, fischt das Handy aus dem mit Reis gefüllten Zip-Beutel und steckt es an Sergejs Ladegerät. Aufgeregt drückt er auf *On*. Tatsächlich fängt das Handy nach ein paar Sekunden an zu blinken und fragt nach dem Code. Ob Deniz den vielleicht hat? Mit ihm ist er in einer Stunde verabredet.

»Ich geh noch mal raus«, sagt Jona zu seinem Vater, der in seiner Kammer über den Laptop gebeugt sitzt. »Ich bin verabredet.«

»Du hast also doch einen Freund gefunden.« Papa hebt kurz seinen Kopf: »Wie schön!«

Jona antwortet nicht.

»Wann kommst du wieder?«

»Zum Essen«, sagt Jona. »Mama kommt doch auch spät.«

Beim Treffpunkt im Kleinen Tiergarten springt Deniz von dem großen, bunt besprayten Stein und rennt Jona entgegen: »Hat es geklappt?«

»Klar!«, sagt Jona.

Aber dann versuchen sie vergeblich, den Code zu knacken. Deniz probiert es mit Lauras Geburtsdatum und Jona grinst.

»Lach nicht so blöd«, schimpft Deniz und ist knallrot.

Nach dem dritten Fehlversuch verabschiedet sich das Handy. »Dann müssen wir eben zu Laura nach Hause und ihr das Handy zurückgeben.«

»Nein. Das geht nicht, hab ich dir doch gesagt.«

Jona verdreht die Augen. »Dann ruf Irina an«, sagt er.

Irina geht gleich ans Telefon. Sie versteht die ganze Geschichte mit dem Schiff und den Tauen und dem Kind nicht. Trotzdem verspricht sie zu kommen. Gemeinsam mit Laura.

Als die beiden Mädchen auf ihren Fahrrädern andüsen, sagt Laura nicht mal Hallo, sondern donnert gleich los: »Was für 'ne blöde Story ist das denn?! Ausflugsdampfer! Klar doch. Auf irgendeinem Touristenboot habt ihr ganz zufällig mein Handy wiedergefunden.«

Sie reißt dem völlig überrumpelten Deniz ihr Handy aus der Hand: »Wegen euch hab ich zu viel Zeit verloren. Wie soll ich jetzt genug Bilder für meinen Fotowettbewerb zusammenkriegen? Nächste Woche ist Abgabe!«

»Was für ein Wettbewerb?«, fragt Deniz kleinlaut.

»Geht dich nichts an«, antwortet Laura.

Plötzlich stutzt sie. Und dann lacht sie. Ihr Lachen klingt ein bisschen durchgeknallt. Ein bisschen sehr durchgeknallt.

»Dann seid ihr zwei jetzt eben meine Fotomodelle«, lacht Laura.

»Und wofür, wenn ich fragen darf?«, fragt Deniz, bekommt aber wieder keine Antwort. Auch Irina kichert. Anders als die Jungs weiß sie natürlich alles über diesen geheimnisvollen Wettbewerb. Laura gibt den beiden Anweisungen. Jona und Deniz sollen hintereinander von Stein zu Stein hüpfen und viel Spaß haben dabei. Ha, ha! Schließlich sollen sie ganz dicht nebeneinanderstehen und sich gegenseitig auf die Schultern klopfen, sogar umarmen sollen sie sich.

»Den da?«, fragen beide gleichzeitig und lachen zum ersten Mal.

»Yup«, antwortet Laura und macht ein Foto nach dem anderen.

Auch Irina mischt sich ein und fängt an, die beiden Jungs hin und her zu schieben. Jona soll mehr lächeln und Deniz seine Faust entspannen und die Hand richtig um Jonas Schulter schmiegen. Jetzt reicht's aber!

»Ochen' khorosho«, sagt sie.

»Du sprichst Russisch?«, fragt Jona.

»Du bist eben nicht der Einzige«, sagt Irina. Jona ist verwirrt. Woher weiß sie, dass er Russisch kann? Ob sie auch Jüdin ist? Das fragt Jona lieber nur auf Russisch, das geht die anderen nichts an. Sein Herz klopft.

»Nein«, antwortet Irina. »Oder seh ich so aus?«

Was soll das jetzt wieder? Sieht er denn jüdisch aus? Überhaupt: Wie sieht ein Jude aus? Eins aber hat Jona verstanden: Er ist wieder der einzige Jude weit und breit. Jedenfalls der einzige in der ganzen Klasse, wahrscheinlich sogar an der ganzen Schule. Wie in Lübeck. Jona schluckt.

»Sorry«, meint Irina, »war nicht böse gemeint.«

Dann erklärt sie Jona auf Russisch, dass sie sein Buch gesehen hat in der Schule, das Märchenbuch. Sie hat dasselbe Buch zu Hause. Ein Geschenk von ihrer Großmutter, die in Sankt Petersburg geblieben ist.

Laura geht dazwischen: »Komm, Irina. Genug mit eurer Geheimsprache. Wir müssen los.«

Schade. Jona hätte gerne gewusst, wieso Irina mit ihren Eltern nach Berlin gezogen ist. Jedenfalls gut so. Denn würde Irina irgendwo in Russland leben, dann hätte er sie nie kennengelernt. Jona lächelt.

»Aber ihr müsst uns helfen«, ruft Deniz verzweifelt hinter den beiden Mädchen her. »Wir waren es nicht. Wir haben das Handy nicht geklaut.«

»My etogo ne delali«, ruft auch Jona. Und tatsächlich: Irina bremst und redet auf Laura ein. Diese mault und flucht zwar laut, kehrt aber mit Irina zu den beiden Jungs zurück.

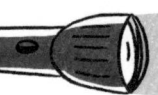

11. Eine erste Spur

»Wir waren es nicht«, wiederholt Deniz.

»Wer dann?«, fragt Laura spöttisch und wirkt immer noch wie eine Katze auf dem Sprung.

»Wir wissen es nicht. Ihr müsst uns helfen«, sagt Deniz.

Deniz kennt offensichtlich nur noch diese zwei Sätze »Wir waren es nicht« und »Ihr müsst uns helfen«. Also muss wohl Jona einspringen.

»Wir waren in der Mittagspause gar nicht im Klassenzimmer«, fängt er an. »Wir waren ...« Jona schielt zu Deniz. Der hält seine Arme verschränkt und reagiert nicht.

»Wir waren ...«

»Wir waren zu dritt an der Spree. Mit Max. Die ganze Mittagspause«, sagt Deniz endlich. »Aber das dürft ihr niemandem verraten.«

»Könnt ihr das überhaupt beweisen?«, fragt Laura.

Deniz zuckt ratlos mit den Schultern.

»Wir kamen zu spät zurück zur Schule«, erklärt Jona. Er ist froh, nichts mehr verheimlichen zu müssen. Jedenfalls fast nichts mehr. »Der Hausmeister musste das Tor für uns aufschließen. Er ist unser Zeuge.«

Deniz nickt heftig, Laura lacht. Es klingt nicht mehr ganz so spöttisch.

»Und dann?«, fragt Irina.

Jetzt erzählen Jona und Deniz abwechselnd die Geschichte von dem kleinen Mädchen am Telefon und von ihrem Spurt zur Hansabrücke.

»Und dann ist Jona einfach so ins Wasser gesprungen und hat das Handy rausgefischt.«

Jona lächelt stolz, aber Laura springt wütend auf: »Ihr hattet also das Handy wieder und habt es mir nicht gebracht?«

»Du hättest uns nicht geglaubt«, stammelt Deniz.

»Und jetzt soll ich dir glauben, oder was? Ihr seid echt so was von bescheuert.«

Jona fand Deniz' Idee, das Handy nicht sofort zurückzugeben, ja auch von Anfang an blöd. Aber jetzt darf er Deniz nicht im Stich lassen.

»Jona kennt diesen Trick mit dem Handytrocknen«, erklärt Deniz. »Von seinem Bruder.«

Wie bitte? Dann war es also Jonas Idee, das Handy nicht gleich zurückzugeben? Erzählt Deniz schon wieder Geschichten, in denen er, Jona, zum Schluss der Dumme ist? Jetzt reicht's aber!

»Deniz hatte diese ganze …«, fängt Jona wütend an.

»Aber wer hat das Handy gestohlen?«, fragt Irina.

Alle drehen sich verdutzt zu ihr. Ja, wer hat eigentlich das Handy geklaut?

»Wann hattest du das Handy zuletzt?«, fragt Irina weiter.

»Na, in der Schule. Im Klassenzimmer. Vor Sport.«

»Bist du ganz sicher?«, fragt Deniz.

»Was soll das«, sagt Laura. »Erst klaut ihr mein Handy und dann stellt ihr genauso bescheuerte Fragen wie Frau Mützel.«

»Wir waren es nicht.«

Deniz' neuer Lieblingssatz. Der hilft jetzt auch nicht weiter. Jona nimmt all seinen Mut zusammen und fragt Laura, ob sie die letzten Bilder zeigen kann, die sie auf dem Handy gemacht hat. Laura sträubt sich erst und willigt schließlich doch ein. Die vier setzen sich auf eine Bank. Laura in der Mitte zwischen Jona und Deniz, Jona in der Mitte zwischen Laura und Irina. Laura scrollt rückwärts durch ihre Fotos. Jona und Deniz sehen aus wie allerbeste Freunde, die Fangen spielen und dabei lachend über Steine hüpfen.

»Voll peinlich!«, sagt Deniz.

»Voll coole Bilder«, sagt Irina. Sie beugt sich über das Handy. Ihre kurzen Haare kitzeln an Jonas Wange. Er neigt seinen Kopf ein bisschen näher zu ihr. Aber nur einen halben Millimeter.

Endlich kommen sie zum letzten Bild, das Laura vor dem

Verschwinden des Handys gemacht hat. Ein Dönerladen ist zu sehen und zwei Frauen, die sich zuwinken. Auf den kleinen Tischen vor dem Imbiss hüpfen und picken ein paar Spatzen.

»Vallah!«, ruft Deniz. »Du fotografierst meine Ma?!«

»Für den Wettbewerb«, sagt Laura und wirkt zum ersten Mal ein kleines bisschen verlegen.

»Also kein Foto in der Schule!«, sagt Jona.

»Na und?«, fragt Laura und wirft ihm einen bitterbösen Blick zu. Jona antwortet: »Du machst doch die ganze Zeit Bilder. Auf dem Hof und überall.«

»Wann hast du das Bild gemacht?«, fragt Irina.

»Gestern. Auf dem Weg vom Zahnarzt zurück zur Schule.«

»Da fotografierst du einfach so unseren Imbiss? Und wer ist die da?« Deniz tippt mit dem Finger auf die zweite Frau.

»Keine Ahnung. Das Bild ist für meinen Wettbewerb, sag ich doch.«

»Mann, was für ein Wettbewerb?«, fragt Deniz.

»*Moabit fotografiert*. Aber mein Thema ist geheim. Ich muss jetzt echt gehen.«

Jona hat die Frau auf dem Bild sofort erkannt, aber das verschweigt er lieber. Es ist die Rabbinerin, die letzten Samstag in der Synagoge in der Oranienburger Straße den Gottesdienst geleitet hat.

Wie Sergej trägt sie eine auffällige Kippa sogar auf der Straße. Sie winkt der Frau im Imbiss, also Deniz' Mutter, lachend zu. Was bedeutet das alles? Doch da entdeckt Jona noch etwas: grüne Turnschuhe, die am Bildrand wegrennen. Rasch packt er Lauras Arm. »Halt!«, ruft er aufgeregt. »Deniz, schau mal, die Schuhe!«

»Was ist mit den Schuhen?«, fragen Deniz, Laura und Irina.

»Genau die trug doch der Typ gestern. Der am Schultor.«

»Wer?«, fragt Deniz.

»Na, der, der gestern an uns vorbei aus dem Tor geschlüpft ist. Seine Schuhe hatten hinten auch diesen schwarzen Kreis mit dem gezackten Blitz.«

»Ach, der«, sagt Deniz und pfeift durch die Zähne. »Çüş!«

»Halb Berlin trägt diese Marke«, sagt Laura und zeigt spöttisch auf ein paar trockene Spuren direkt vor ihrer Bank. Im Abdruck einer Ferse sind der Kreis und der Blitz deutlich erkennbar.

»Ich meine, vielleicht hat er ja trotzdem was mit dem Diebstahl zu tun«, stammelt Jona.

»Ich glaub auch«, lacht Laura. »Na, dann wünsch ich euch viel Erfolg, ihr Meisterdetektive! Komm, Irina.«

Die beiden Mädchen gehen zu ihren Fahrrädern. Noch einmal werden Deniz und Jona sie nicht zurücklocken können. Dabei möchte Jona noch so viel wissen. Was ist das für ein komischer Wettbewerb, an dem Laura teilnimmt?

Spioniert vielleicht jemand hinter ihr her, der verhindern will, dass sie ihre Bilder einreicht?

Da dreht sich Laura auf dem Fahrrad um und ruft: »Wo war eigentlich Max gestern Nachmittag?«

Eine berechtigte Frage, findet Jona. Wenn das Handy überhaupt geklaut wurde, ist Max immer noch der Hauptverdächtige. Da kann der hundert Mal Deniz' Freund sein. Und überhaupt, wo steckt er jetzt? Max hält sich aus allem fein raus. So ein Feigling!

»Max hat immer noch Bauchschmerzen«, sagt Deniz, als ob er Jonas Gedanken lesen könnte. »Sonst glauben ihm seine Eltern die Geschichte von gestern nicht.«

»Soso«, sagt Jona.

»Mann, Max war es nicht, ich schwöre!«

»Und Laura?«, fragt Jona. »Vielleicht hat sie das Ding einfach nur verloren. Auf dem Weg zurück zur Schule. Das Handy war in der Mittagspause doch gar nicht im Klassenzimmer.«

Deniz pfeift durch die Zähne. Dann sagt er: »Aber uns verdächtigen!«

Er hat offensichtlich keine Lust mehr, Laura zu verteidigen. Innerlich kichert Jona, behält aber sein cooles Detektivgesicht.

»Aber wie kommt das Handy auf das Schiff?«, überlegt Deniz. »Vielleicht wurde es ihr unterwegs geklaut?«, fährt er fort. »Zum Beispiel von dieser Frau mit dem komischen

Ding auf dem Kopf, mit diesem Käppi wie es dein Bruder trägt.«

»Aha. Du denkst also, die Frau hat das Handy geklaut, weil sie Jüdin ist, oder was? Fängst du schon wieder damit an?! Pass bloß auf, gleich fliegst du in die Spree!«

»Hier gibt's keine Spree«, lacht Deniz. »Außerdem suchen wir doch nach 'ner Spur auf dem Bild, und meine Mutter war es schon mal gar nicht.«

»Vielleicht hat sie was gesehen?«, antwortet Jona.

»Ey, Mann, gute Frage! Komm, wir radeln hin. Ich hab sowieso Hunger.«

12. Deniz haut ab

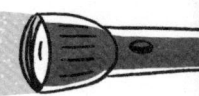

Jona setzt sich hinten auf den Gepäckträger von Deniz'
Fahrrad. Die Beine muss er anwinkeln, damit seine Füße
nicht am Boden schleifen. Ganz schön anstrengend! Mit
den Händen hält sich Jona an Deniz' Hüften fest, wobei er
den Oberkörper so weit wie möglich zurücklehnt. Er will
doch nicht mit ihm kuscheln!

»Mann, bist du schwer«, stöhnt Deniz.

»Quatsch!«, antwortet Jona und krallt sich fester an
Deniz. Das Fahrrad wackelt gewaltig.

»Hast du eigentlich kein eigenes Fahrrad?«, fragt Deniz.

Jona tut so, als ob er die Frage nicht gehört hätte. Natürlich hat er ein eigenes Fahrrad. Sogar ein supercooles. Aber
seine Eltern wollen nicht, dass er in Berlin radelt, schon gar
nicht alleine. Immer wenn Jona kurz davor ist, sie davon zu
überzeugen, dass es hier gar nicht sooo viel gefährlicher ist
als in Lübeck, passiert wieder irgendwo in Berlin irgendein
schlimmer Fahrradunfall.

Endlich hält Deniz an. Jona springt vom Gepäckträger

und fällt beinahe hin. Seine Beine sind eingeschlafen, er muss sie erst einmal wach schütteln. *Arkadaşlar* heißt also der Imbiss von Deniz' Mutter. Der Name sieht ein bisschen aus wie Abrakadabra. Ein Zauber-Imbiss? Die zwei, drei Tischchen auf dem Gehweg sind alle besetzt. Auch am offenen Tresenfenster warten Kunden. Eine Frau, die ihre dunklen Haare mit einem Tuch zurückgebunden hat, schwingt zwei lange Messer gegeneinander. *Zing-zing, zing-zing* machen die Messerklingen.

»Du hast einen Freund mitgebracht!«, ruft die Frau durchs Fenster. »Ihr könnt schon mal nach hinten. Döner mit allem?«

»Zwei Riesendöner«, antwortet Deniz.

Im hinteren Raum ist es schön kühl und dämmrig. Nur der warme Geruch von gegrilltem Fleisch dringt bis hierher. In der Mitte steht ein großer Tisch, an den Deniz sich sogleich fläzt. Jona hat keine Lust, schon wieder zu sitzen, er will lieber seine Beine noch ein wenig vertreten. Er betrachtet die Sachen im Regal, die Flaschen mit Olivenöl und die Behälter mit Oliven aus der Türkei, aufgestellte Postkarten, ein paar Bücher. Er nimmt ein Buch, es ist ein türkischer Gedichtband mit einem langen Titel.

»Wie spricht man den aus?«, fragt er.

Deniz liest vor: »En güzel deniz henüz gidilmemiş olanıdır«, und erklärt: »Deniz heißt Meer. En güzel deniz – das schönste Meer.«

»Du heißt also Meer?«, fragt Jona.

Deniz' Mutter kommt mit zwei Tellern und zwei übervollen Dönern, deren Brotmaul weit aufgeklappt ist, herein. Sie beantwortet Jonas Frage nickend. Zu ihrem Sohn sagt sie: »En güzel Deniz'im.«

»Hör auf, anne!«, protestiert dieser.

»Stimmt doch«, antwortet die Mutter lachend.

»War Laura gestern hier?«, fragt Deniz.

»Laura? Die mit den tollen Locken? Nö. Bring sie doch mal mit.«

Deniz schnaubt genervt. Seine Mutter eilt zurück zu den Kunden, die auf ihre Bestellung warten.

So einen leckeren Döner hat Jona noch nie gegessen. Aber er hat sowieso fast noch nie einen gehabt. Seine Eltern mögen kein Fast Food und finden Apfelstücke gesünder als mit Fett durchtränktes Brot. Die haben eben keine Ahnung, denkt Jona und leckt sich die würzige Soße von den Fingern. Die beiden Jungs schmausen schweigend. Jona betrachtet dabei die große Fototapete an der Wand gegenüber. Vor einem kleinen Hotel stehen ein paar Menschen am Strand. In der Mitte ein etwas jüngerer Deniz mit seinem berühmten roten Käppi.

»Das bist ja du«, sagt Jona und deutet mit dem Kopf zum Foto.

»Da sind wir in Yalıköy«, erklärt Deniz. »Das Hotel hat mein Vater gebaut.«

»Echt? Dein Vater kann so was? Meiner schreibt nur Gedichte.«

»Klaro«, sagt Deniz. »Mein Vater ist Ingenieur.«

»Ach, Deniz.« Woher kommt plötzlich die Stimme der Mutter? Jona hat gar nicht mitbekommen, dass sie wieder bei ihnen steht, in der Hand zwei Gläser mit Milch.

»Baba *war* Ingenieur«, sagt sie leise.

Dann geht alles ganz schnell. Deniz schiebt seinen Teller weg, springt so heftig auf, dass sein Stuhl nach hinten kippt und auf den Boden kracht. Jona erschrickt. Dann rennt Deniz laut auf Türkisch schimpfend aus dem Laden. Was ist passiert? Soll Jona hinterher?

»Bleib ruhig hier und iss erst mal auf. Deniz kommt bestimmt bald wieder«, sagt die Mutter. Sie stellt einen der Becher vor Jona hin: »Hier, Ayran.

Mein Mann ist vor bald zwei Jahren gestorben. Für Deniz ist das immer noch sehr schwer.«

Das Lachen der Mutter ist wie weggepustet, sie klingt erschöpft und traurig. »Ich weiß einfach nicht, was ich machen soll«, sagt sie.

Jona ist furchtbar verlegen, so ganz allein mit dieser fremden, traurigen Frau.

»Kommt die Rabbinerin oft zu Ihnen?«, fragt er dann.

»Melek. Ich heiße Melek«, sagt die Mutter. »Du kannst gerne Du zu mir sagen.«

Das macht Jona nur noch mehr verlegen. »Ich meine die Rabbinerin von der Synagoge mit der goldenen Kuppel«, sagt er. »Kommt die oft?«

»Esther? Ja. Die kommt mindestens einmal die Woche und kauft Baklava. Aber warum fragst du danach? Was ist denn los?«

»Ich wollte nur …«, fängt Jona an. Er kann unmöglich die ganze Geschichte erzählen, und dass er jüdisch ist, geht diese Frau Melek schon gar nichts an. »Ich wollte nur wissen, ob sie vielleicht … ob sie ihr Handy liegen gelassen hat.«

Deniz' Mutter betrachtet ihn irritiert.

»Wie kommst du denn auf so was?«, fragt sie. »Ausgerechnet Esther! Ich habe sie noch nie mit einem Handy gesehen. Sie will nicht immer erreichbar sein. Und sie ärgert sich über Leute, die ständig irgendwelche privaten Bilder posten.«

Melek lacht, während Jona sie anstarrt. Zum Glück rufen Gäste nach ihr und Melek eilt nach vorne. In Jonas Kopf purzeln die Gedanken wild durcheinander. Ob die Rabbinerin gemerkt hat, dass Laura sie fotografiert? Jona nippt am Ayran. Iiii, die Milch ist ja voll salzig. Auch der Döner schmeckt nicht mehr. Lustlos kaut Jona auf einem

Stückchen Fleisch und pickt sich etwas Gurke aus dem Kebab. Soll er jetzt echt hier auf Deniz warten?

Jona weiß noch nicht mal, wo er ist und wie er von hier nach Hause kommt, aber er hat keine Lust, Deniz' Mutter nach dem Weg zu fragen. Er schiebt den halb vollen Teller zur Seite, stützt den Kopf in die Hände und dreht sich zum vorderen Teil des Geschäfts. Er kann ja wenigstens mal Leute beobachten, vor allem ihre Füße, die auf den blau-weiß gemusterten Bodenkacheln hin und her gehen oder in der Schlange vor dem Tresen stehen. Da sind Sandalen mit grün, blau und pink lackierten Zehen, staubige Leder-schuhe, Stöckelschuhe, die zu einer riesigen Frau gehören, Kinderschuhe mit offenen Schnürsenkeln, verschiedene Turnschuhe – aber keine mit schwarz gezacktem Blitz. Dass halb Berlin diese Marke trägt, ist ja wohl echt eine Übertreibung.

Plötzlich ertönt eine aufgeregte Stimme. Eine Frau mit buntem Sonnenhut und einem Kleid mit großem Blumen-muster steht am Tresen und berichtet lautstark, dass sie einen Elektriker sucht, der hier in der Gegend irgendeinen Auftrag gehabt habe und seither verschwunden sei. »Er war bestimmt mit seinem Fahrradanhänger unterwegs. *MoMo* steht auf dem Hänger, *Mobile Montage*.«

»Da kann ich leider nicht helfen«, erklärt Deniz' Mutter bedauernd und wendet sich dem nächsten Gast zu. Die Frau bückt sich und greift nach einem Korb, den sie neben sich auf den Boden gestellt hatte. Aus dem Korb schaut eine Hundeschnauze.

MoMo? Woher nur kennt Jona diesen Namen? Stimmt! Der Fahrradanhänger stand gestern vor der Schule! Jona springt auf und rennt ohne ein Wort aus dem Laden, der Frau hinterher. Die biegt auf ihrem Fahrrad gerade in die nächste Seitenstraße ein. Jona verfolgt das Fahrrad mit der großen Holzkiste auf dem Gepäckträger, gibt jedoch rasch wieder auf. Ist doch eh alles Quatsch. Was soll er der Frau denn sagen? »Entschuldigen Sie, wieso hat dieser *MoMo*-Fahrradanhänger-Typ ausgerechnet an dem Tag vor unserer Schule geparkt, an dem das Handy meiner Klassenkameradin Laura gestohlen wurde? Wenn es überhaupt gestohlen wurde?« Ziemlich lächerlich, oder? Jona bleibt ratlos stehen. Da tippt ihn jemand von hinten auf die Schulter.

»Hey, ich hab dich gesucht«, sagt Deniz.

»Du mich gesucht? Klar doch!«

Wieder so eine typische Deniz-Verdrehung. Trotzdem ist Jona total erleichtert, ihn vor sich zu sehen. Jona freut sich sogar richtig, fast so, als ob er einen Freund wiedergetroffen hätte.

»Komm! Ich muss dir unbedingt was zeigen!«, sagt Deniz und zieht Jona mit sich.

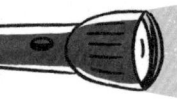

13. Das ausgeraubte
Schmuckgeschäft

In einer Seitenstraße stoppt Deniz vor einem Geschäft. Über dem Laden steht in großen Buchstaben *Juwelier Hansen*.

»Komm mal her!«, ruft Deniz, der seine Nase am Schaufenster platt drückt. Die Auslage hinter dem Fenster ist leer, aber übersät von schwarzem Pulver.

»Das war bestimmt die Polizei! Mit dem schwarzen Zeug sichern sie Spuren. Ich kenn mich damit aus. Jemand ist hier eingebrochen, Vallah!«

Deniz hüpft von einem Bein auf das andere. Dann rennt er zum zweiten Fenster. Auch dort sind alle Schmuckstücke aus der Auslage entfernt. Trotzdem wirkt das Schaufenster ordentlich und hat keine Rußspuren.

»Ich kenn den Besitzer. Herr Hansen ist voll nett«, sagt Deniz. »Der kommt mittags oft rüber zu Ma.«

»Zu euch nach Hause?«

»Nee, zum *Arkadaşlar*, das ist doch gleich da drüben«, sagt Deniz und verdreht die Augen.

»Komm, wir klingeln!«, schlägt Deniz vor.

Obwohl Jona noch zögert, klopft Deniz schon an ein Schaufenster, dann an das andere und klingelt schließlich Sturm. Ein alter Mann kommt aus dem hinteren Raum und geht mit langsamen Schritten durch den Laden. Der Alte schaut vorsichtig nach draußen. Sein Gesicht hellt sich auf, als er Deniz sieht. Dann öffnet er die vielen Schlösser, schiebt einen letzten Riegel zur Seite und lässt die beiden Jungen rein. Hinter ihnen verriegelt er die Tür wieder mehrfach.

»Hallo, Herr Hansen, was ist passiert?«, fragt Deniz.

»Trickdiebe«, antwortet Herr Hansen.

»Echt?«, fragt Deniz und zappelt aufgeregt rum.

Herr Hansen erzählt, dass gestern ein nettes Pärchen bei ihm war, um sich über Verlobungsringe beraten zu lassen. Der Mann habe hier am Verkaufstresen Ringe betrachtet, die Frau den Schmuck in der Schaufensterauslage bewundert.

»Plötzlich hat mich der Mann mit einem Messer bedroht.«

Mit einer raschen Handbewegung greift sich Herr Hansen an die Hosentasche und tut so, als ob er ein Messer zücken und gegen die Jungen richten würde. Jona erschrickt und weicht einen Schritt zurück.

»Keine falsche Bewegung!«, ruft Herr Hansen, der auf einmal nicht mehr alt und zerbrechlich wirkt.

Jona weicht noch weiter zurück. Vielleicht ist Herr

Hansen ja verrückt. Man weiß nie. Jona schielt zur verriegelten Tür und dann zum dunklen Hinterzimmer, während Herr Hansen die beiden Jungen drohend mustert, den halb ausgestreckten Arm gegen sie gerichtet. Endlich lässt Herr Hansen den Arm wieder sinken und erzählt weiter: »Die Frau hat allen Schmuck aus dem Schaufenster in ihre Handtasche gestopft.«

Herr Hansen geht zum Fenster und tut so, als ob er die Auslage mit großen Armbewegungen zusammenschieben und ausräumen würde. Dabei fegt er zwar nur durch die Luft, aber mit einer so heftigen Bewegung, dass der Ruß verwirbelt. Mit schwarzen Spuren auf seinem hellblauen Hemd und mit Pulver an den Händen eilt Herr Hansen zurück zum Verkaufstresen und spielt nach, wie der Gauner unterdessen die dort liegenden Ringe einsteckte.

»Einfach so. Raff, raff und in eine Tüte. Eben war der noch total verliebt. Dann plötzlich eiskalt. Und ich bin reingefallen auf die Nummer. Hab all die kostbaren Ringe vor ihm ausgebreitet. Ich Idiot! Jetzt bin ich ruiniert.«

Herr Hansen sackt in sich zusammen.

»Es ist aus. Ich kann das Geschäft aufgeben.«

Deniz nimmt seine Hand und tröstet ihn: »Aber die Polizei war doch hier. Die findet die Diebe bestimmt und dann bekommen Sie alles zurück.«

»Ach was«, sagt Herr Hansen. »Solche Diebe schnappen die nur ganz selten. Ausgelacht haben mich die Polizisten, weil meine Überwachungskamera gar nichts aufgezeichnet hat. Ich glaube, die ist schon lange kaputt und sowieso zu kompliziert.«

»Wir helfen Ihnen«, verspricht Deniz, »Jona und ich sind nämlich Detektive.«

Herr Hansen lächelt schwach. »Bist ein guter Junge. Aber das hat keinen Sinn. ›Das war vermutlich wieder die Diamantenbande‹, meinten die Bullen, ›die suchen wir schon lange.‹«

Herr Hansen stöhnt auf: »Die haben mich alten Hasen reingelegt! Ich fass es nicht. Was würde Elisa dazu sagen?«

»Das wird schon«, tröstet Deniz ihn, und Jona wundert sich, wie liebevoll seine Stimme sein kann.

»Dürfen wir uns umschauen?«, fragt Deniz, wieder ganz der coole Detektiv.

»Bitte«, sagt Herr Hansen resigniert und setzt sich auf den Stuhl hinter dem Verkaufstresen.

»Warum wurde dieses Schaufenster von der Polizei nicht untersucht?«, fragt Deniz. »Sie müssen uns alles erzählen. Alles!«

Herr Hansen wiegt erst zögernd seinen Kopf und berichtet dann: »Das Schaufenster blieb unberührt. Ich habe den Schmuck später selbst ausgeräumt und verstaut.«

»Vielleicht hatten die Diebe schon genug geklaut?«, überlegt Jona, der seine Angst vor Herrn Hansen inzwischen verloren hat.

»Nein«, antwortet Herr Hansen. »Da stand noch einer in der Ecke. Normalerweise nehme ich nicht drei Kunden ins Geschäft. Alte Regel. Nur ein Kunde oder eben ein Pärchen und dann die Türe wieder verriegeln. Doppelt und dreifach.«

»Stand er hier?«, fragt Jona und stellt sich vor das sorgsam ausgeräumte Schaufenster. Mit raschen Blicken scannt er dabei den ganzen Laden. Jona, der messerscharfe Beobachter, dem nichts entgeht, ist wieder in Aktion! Sogar, dass das blaue Hemd von Herrn Hansen falsch zugeknöpft ist und der Kragen schief hängt, bemerkt Jona. Sowieso ist das Hemd zu groß und wellt sich über dem dünnen Brustkorb.

»Ja, ungefähr dort«, antwortet Herr Hansen. »Ich hatte dem Mann einen Ring mit einem roten Rubin aus dem Schaufenster gereicht. Viel zu teuer für ihn, völlig klar. Er schob den Ring auf seinen kleinen Finger, zog ihn wieder runter und ließ den Stein funkeln im Sonnenlicht. Der Mann hatte feingliedrige und trotzdem kräftige Hände, eine seltene Mischung, und war richtig verliebt in den Ring. Manchmal kaufen Verliebte etwas, das eigentlich zu teuer für sie ist. Ich wollte ihm Zeit geben und ließ ihn in Ruhe.«

»Und dann?«, fragt Deniz, der aufgeregt hin und her hüpft.

»Dann wollten die beiden Gauner auch das Schaufenster

dort ausräumen. Aber der Mann hat sich ihnen in den Weg gestellt. ›Haut ab, verschwindet!‹, hat er geschrien und die Diebe buchstäblich aus dem Laden gejagt.«

»Ein richtiger Superheld!«, sagt Deniz.

»Leider nicht«, antwortet Herr Hansen. »Es ging dann alles ganz rasch. Die Gauner rannten in ihr Auto, das draußen wartete, und brausten sofort los. Auch der dritte Mann ist aus dem Laden gespurtet und seither verschwunden – mitsamt dem Ring. Dem teuren Ring.«

Herr Hansen sackt wieder in sich zusammen.

»Ist er mit ins Auto gestiegen?«

Herr Hansen schüttelt den Kopf. »Nein, aber er rannte in die gleiche Richtung wie das Auto. Vielleicht haben sie ihn später eingeladen.«

»Wie sah das Auto aus? Welche Marke?«

»Ach, Kinder, ihr stellt Fragen. Das Auto war weiß. Mehr weiß ich nicht. Nichts Besonderes. Ein Viersitzer.«

Dann fährt Herr Hansen mehr zu sich selbst fort: »Mit dem Geld hätte ich mir endlich den Flug nach Australien leisten können. Zu meiner Tochter und den Enkeln. Hier hab ich ja niemanden, seit Elisa tot ist.«

»Aber Sie kommen doch immer zu uns ins *Arkadaşlar*«, widerspricht Deniz.

Jona untersucht unterdessen das Geschäft. Auch auf dem Tresen wurden Fingerabdrücke gesichert. Ganz viele.

»Trug der Dieb Handschuhe?«, fragt er.

»Zuerst nicht. Ich achte ja immer auf Hände. Ich sehe genau, zu welchen Händen Schmuck passt, auch wenn da gar keiner ist. Aber dann trug der Dieb doch plötzlich Handschuhe. Weiße Handschuhe. Die Hand, die das Messer hielt, steckte in einem weißen Handschuh.«

»Hm«, macht Jona und sieht sich weiter um.

Auf der rußigen Ablage im Schaufenster ist kaum noch was erkennbar. Die von der Polizei gesicherten Spuren sind verwischt.

»Die Frau trug auf jeden Fall Handschuhe. Rote Lederhandschuhe«, erzählt Herr Hansen. »Ich habe mich noch gewundert. Wieso Handschuhe? Es ist doch Hochsommer. Leider blitzte dieser Gedanke nur ganz kurz auf. Die Handschuhe passten wunderbar zu ihrer großen roten Ledertasche. Wie kann man sich als Einbrecherin so auffällig bunt kleiden?«

»Na, damit Sie keinen Verdacht schöpfen«, sagt Deniz.

Bunt kleiden, denkt Jona. Wie die Frau auf dem Fahrrad, die den *MoMo*-Typen gesucht hat. Seltsam, seltsam. Gedankenverloren sucht Jona den hellgrau laminierten Boden nach Hinweisen ab. In der Ecke vor dem nicht ausgeraubten Schaufenster hat die Polizei einen Fußabdruck gesichert. Zum Glück hat Jona den nicht eben selbst unachtsam verwischt! Er kniet sich auf den Boden. Ganz deutlich ist die Sohle eines Schuhs zu erkennen. In der Ferse der runde Kreis, durch den ein gezackter Blitz fährt.

14. Schuhabdruck mit gezacktem Blitz

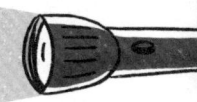

»Die gleiche Schuhmarke!«, ruft Jona.

Deniz kauert sich zu ihm und betrachtet den Abdruck.

»Çüş!«

Die beiden untersuchen den Boden rund um den Schuhabdruck.

»Schade, keine Zigarettenstummel wie in Krimis«, sagt
Deniz. Auch sonst finden die Jungs nichts, das zum Träger
der Turnschuhe führen könnte, nicht einmal ein winzig
kleines Haar. Nur Straßendreck und unter dem Heizkörper
beim Fenster dicke Staubflusen. Und es gibt keinen zweiten
erkennbaren Abdruck.

»Glaubst du, der Typ war wirklich auch bei uns in der
Schule?«

»Keine Ahnung«, sagt Jona.

Er stellt sich neben den Schuhabdruck.

»Ein bisschen größer als die Schuhe von meinem Papa.
Vielleicht Schuhgröße 44 oder 45.«

Herr Hansen versteht die ganze Aufregung um den

Schuhabdruck nicht und weiß auch nicht, was er weiter berichten soll. Vergeblich löchern Deniz und Jona ihn mit allen möglichen Fragen. Nein, Herr Hansen hat nicht beobachtet, dass der Ringdieb irgendwelche Zeichen durchs Schaufenster gemacht hat, und auch später konnte er keine geheimen Absprachen zwischen dem Ringdieb und dem Gaunerpaar bemerken. Herr Hansen weiß noch nicht mal, was für Kleider der Dieb trug. Vielleicht Jeans und ein dunkles T-Shirt? Nur an seine Hände kann sich Herr Hansen genau erinnern und an die laute Stimme.

»Groß war er. Jedenfalls größer als ich«, sagt Herr Hansen schließlich.

Deniz grinst und auch Jona muss sich das Lachen verkneifen, denn groß ist Herr Hansen nicht gerade. Außerdem haben sie das doch selbst schon rausgefunden: Wer so große Schuhe trägt, ist nicht klein.

»Wir gehen dann mal«, sagt Deniz. »Sobald wir eine heiße Spur haben, melden wir uns.«

»Ja, macht das«, antwortet Herr Hansen, aber er zuckt gleichzeitig mit den Schultern. Offensichtlich glaubt er nicht eine Sekunde daran, dass die beiden Jungs Erfolg haben könnten.

Draußen setzen sich Jona und Deniz auf eine kleine Mauer neben dem Gehweg.

»Wir brauchen einen Plan«, sagt Deniz. »Einen ober-coolen Checker-Plan.«

»Wen suchen wir jetzt überhaupt?«, fragt Jona. »Den Ringdieb, die Schmuckräuber oder die Person, die Lauras Handy geklaut hat?«

»Mann, alle. Wir sind doch Detektive.«

»Ich glaube, die gleiche Schuhmarke ist nur Zufall«, überlegt Jona. »Laura hat doch gesagt, alle tragen …«

Mitten im Satz springt Jona auf, rennt noch einmal rüber zum Laden und klingelt wie wild.

»Herr Hansen«, ruft er, als dieser endlich angeschlurft kommt, »wann genau war der Einbruch?«

Dieses Mal muss Herr Hansen nicht lange nachdenken.

»Ich hatte gerade den Laden geöffnet. Also kurz nach neun Uhr. Ja, am Donnerstagmorgen kurz nach neun. Noch vor zehn war schon die Polizei da. Aber hilft ja nichts.«

»Vielleicht doch«, ruft Jona und rennt zurück zu Deniz, ohne sich von Herrn Hansen zu verabschieden. Deniz schaut ihn verwundert an.

»Es könnte sein«, japst Jona. »Der Dieb hatte genug Zeit, um nach dem Einbruch im Schmuckladen mittags bei uns in der Schule zu sein.«

Deniz boxt Jona in die Seite. »Hey, wir fangen den und werden berühmt. Und Herr Hansen kriegt seinen Ring wieder und kann nach Australien fliegen.«

»Hauptsache, die anderen glauben uns, dass wir das

Handy nicht geklaut haben«, sagt Jona und denkt: Hauptsache, Irina glaubt mir.

»Aber warum will so einer ausgerechnet Lauras Handy klauen?«, fragt Deniz. »Sonst ist an dem Tag ja von niemandem was weggekommen. Oder?«

»Nee, ich glaub nicht«, sagt Jona und fährt zögernd fort: »Es gibt noch eine Spur. Ich habe … ähm, ich habe mit deiner Mutter gesprochen.«

»Über mich oder was?«, fragt Deniz. Er rückt von Jona weg und ballt die Hände zu Fäusten.

»Über die Rabbinerin.«

»Hä? Über die Rabbinerin?«

»Über die auf Lauras Foto. Ich kenne sie. Ich meine, ich …«

»Und das erzählst du erst jetzt?«, fragt Deniz.

»Sie hasst Handys. Hat deine Mutter gesagt.«

»Sie! Hasst! Handys!?« Deniz springt auf. Aufgeregt läuft er vor Jona hin und her.

»Und sie findet Leute doof, die Fotos posten«, ergänzt Jona leise. Sehr leise. Aber natürlich hört Deniz ihn trotzdem.

»Die ist verdächtig!«, ruft Deniz. »Megaobersuperverdächtig! Wir müssen sie beobachten. Weißt du, wo sie wohnt?«

Jona schüttelt den Kopf.

»Aber ich kenne ihre Synagoge. Das ist die große mit

der goldenen Kuppel. Da waren wir letzten Samstag wegen Sergej.«

»Die man von der S-Bahn aus sieht?«

Jona zuckt mit den Schultern. Keine Ahnung. Er ist noch nie mit der S-Bahn zur Synagoge gefahren, sondern mit der U-Bahn, und da unten im Tunnelschacht sieht man eh rein gar nichts. Höchstens große Werbetafeln oder bunte Muster aus Kacheln an den Wänden der Bahnhöfe.

»Ich glaube, da ist jeden Samstagvormittag Gottesdienst«, sagt er.

»Wann?«, fragt Deniz. »Sag schon!«

»Beginnt so ungefähr um zehn Uhr.«

»Wir müssen dahin! Ich check heute Abend schon mal alles im Internet. Und dann treffen wir uns um halb zehn an der U-Bahn Turmstraße. Per Fahrrad bist du nämlich echt zu schwer«, grinst Deniz.

»Hey, mach nicht so ein Gesicht!«, lacht er kurz darauf.

»Los, spring auf. Der rasende Deniz fährt dich zurück zum Park. Haydi!«

Jona klammert sich an Deniz fest, der extra fette Schlangenlinien fährt.

»Hey!«, ruft Jona. »Willst du, dass ich mir die Knie aufschürfe?«

Deniz lacht und fährt noch wilder.

»Nichts passiert!«, grinst er, als sie beim Kleinen Tiergarten ankommen.

»Tschüss, Digga. Bis morgen«, ruft Deniz hinter Jona her und düst in die andere Richtung davon.

Jona schaut lächelnd hoch zum Himmel, der heute fast so klar ist wie der in Lübeck. In einem Baum hängen Turnschuhe an ihren zusammengeknoteten Schnürsenkeln. Wie kommen die dahin? Sie sind schon ganz verwittert. Ob sie mal grün waren? Es sieht gruselig aus, wie die Schuhe da oben so baumeln. Am Boden baden sich Spatzen in einer Pfütze. Jona kauert sich zu den kleinen Vögeln. Sie plustern sich auf und schütteln ihre kleinen Körper, sodass die Wassertropfen wie eine Glitzerkugel um sie herumspritzen. Wie gerne hätte Jona die Spatzen zusammen mit Sophie beobachtet. Oder mit Irina.

Als er sich wieder aufrichtet, wird er von einer Joggerin angerempelt.

»Pass doch auf!«, keucht sie, dabei sollte die ja wohl besser selbst aufpassen, schließlich hat Jona hinten keine Augen. Die Turnschuhe der Joggerin sind weiß, verdreckt und eindeutig nicht die Marke mit dem Blitz. Dafür entdeckt Jona an einem Laternenpfahl ein Plakat, auf dem die Polizei vor zwei Trickdieben warnt, die gerne in Schmuckläden einbrechen. Bestimmt die Diamantenbande. Bam! Das Plakat muss er unbedingt Deniz zeigen.

Zu Hause wundern sich die Eltern, dass Jona gar keinen Appetit hat. Schweigend stochert er auf seinem Teller herum. Er will nichts erzählen vom Döner bei Deniz'

Mutter, nichts von Herrn Hansen und nichts von den Schmuckräubern.

»Morgen machen wir zu dritt einen Fahrradausflug«, strahlt Mama. »Du, Papa und ich.«

»Ich hab morgen schon was vor«, antwortet Jona.

Seine Mutter sieht ihn enttäuscht an. Nur weil sie jetzt zufällig mal Zeit hat! Sollen sie doch Sergej mitnehmen zu ihrem Ausflug. Aber der Vater freut sich: »Nastia, ein ganzer Tag nur für uns beide! So große Jungs haben wir schon.«

»Der?!«, sagt Sergej und reißt die Augen übertrieben überrascht auf. Idiot!

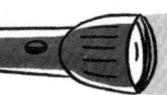

15. Derwischtanz in der Kuppel

Am nächsten Morgen müssen Jona und Deniz bei der Synagoge vor einer geschlossenen Tür aus dickem Milchglas warten. Gerade ist noch eine ältere Dame durchgeschlüpft, aber die Tür schob sich einfach wieder zu.

»Was ist los?«, fragt Deniz. »Haben die was gegen uns?«

»Sicherheitskontrolle«, sagt Jona.

»Warum das?«

»Ist immer so«, sagt Jona.

Er setzt sich eine Kippa auf und reicht Deniz auch eine.

»Nö, setz ich nicht auf«, sagt Deniz.

»Alle Synagogen-Detektive tragen 'ne Kippa.«

»Hauptsache, Kopfbedeckung steht im Internet.«

Jona sieht Deniz zweifelnd an. »Aber dein Käppi …«

»Sag nichts gegen mein Basecap. Ich warne dich, Vallah!«

»Mann, so fällst du viel zu sehr auf. Dreh's wenigstens um.«

In diesem Moment öffnet sich die Schiebetür und die beiden müssen ihre Sachen aus den Hosentaschen in eine kleine Plastikwanne packen. Auch die verheddderte Kordel, mit der Jona und Sophie Schiffsknoten geübt haben, ruckelt auf dem Rollband durch die Durchleuchtungsmaschine.

»Hast du dein Strickzeug dabei?«, fragt Deniz.

»Haha, sehr witzig!«

In Deniz' Plastikkiste liegen ein paar Münzen, auch türkische, ein Schlüsselbund und eine Taschenlampe. Die hatte er doch neulich schon in seinem Rucksack, wundert sich Jona. Wozu braucht Deniz eine Taschenlampe? Schließlich werden die Jungs vom Sicherheitsbeamten durch die nächste Glastür geschleust. So recht weiß Jona nicht mehr, wo der Gebetsraum ist. Das Gebäude ist riesig. Es gibt hier auch Büros, Vortragssäle und Ausstellungshallen. Die Treppen und Gänge sind verschachtelt, mal führen Wege nach links, mal nach rechts oder in seltsamen Winkeln um die Ecke herum.

»Ich dachte, du kennst dich hier aus«, grinst Deniz.

»Aber ich war doch nur ein Mal hier.«

»Also, ich wüsste dann …«

»Halt die Klappe«, sagt Jona und entdeckt endlich die richtige Holztür.

Rasch dreht Jona das rote Basecap von Deniz mit dem Schirm über Deniz' Nacken. So ein Quatsch: auf heimlicher Mission in einer Synagoge, aber ein Käppi tragen mit einem riesig geschriebenen türkischen Namen.

Der Gottesdienst hat schon begonnen. Jona zieht Deniz in die hintere Bankreihe direkt neben der Tür. Dieser pfeift leise durch die Zähne, als er die Rabbinerin von Lauras Foto erkennt. Vorne neben der Rabbinerin steht eine zweite Frau und liest auf Hebräisch aus der Tora vor, die aufgeschlagen auf einem Pult liegt. Jona schielt zu Deniz. Was der jetzt wohl denkt? Deniz tut so, als ob er schon ganz oft in der Synagoge war und alles genau versteht.

Plötzlich ertönt Musik. Ein türkischer Rapp. Und zwar ziemlich laut. Die Leute schauen sich irritiert um und bleiben mit ihren Blicken an Deniz hängen, der knallrot geworden ist und sein Handy aus der Hosentasche fummelt. Die meisten lächeln oder lachen. Nur einer guckt verdammt wütend. Es ist Sergej, der ganz vorne in der ersten Reihe sitzt. Auch er hat seinen Bruder erkannt.

»Lass uns abhauen«, flüstert Jona. Da der Rapper endlich still ist, können alle Jonas Flüstern hören. Megalaut und deutlich. Die beiden Jungs rennen aus der Tür. Hinter ihnen ertönt die Stimme der Rabbinerin:

»Sag ich's doch. Die Handys gehören in die Spree geworfen. Nicht einmal ...«

Mehr hören sie nicht, weil die schwere Holztür ins Schloss fällt. Schnell weg! Deniz zieht Jona zur Seite, obwohl der lieber nach unten rennen würde. Knarrend öffnet sich die Holztür wieder. Ob Sergej sie verfolgt? Aber es ist nur ein älterer Herr, der in Richtung der Klos geht. Zum Glück bemerkt er die beiden Jungs nicht, die den Atem anhalten und sich flach an die Wand drücken. Sie schleichen weiter und landen in einem anderen, viel größeren Treppenhaus mit riesigen Lampen, die von der Decke hängen.

»Lass uns abhauen«, flüstert Jona. »Ich will nicht, dass mein Bruder uns hier erwischt.«

»Dein Bruder?«

»Ja, Mann, der saß ganz vorne. Wahrscheinlich hat er sich für diese Synagoge entschieden.«

Deniz schaut ihn irritiert an. Trotzdem sagt er mit fester Stimme:

»Wir ziehen das jetzt durch. Wir haben Beweise! Hast du nicht gehört? Sie will alle Handys in die Spree werfen!«

Natürlich hat Jona das auch gehört, das heißt aber noch lange nicht, dass er seinem megawütenden Bruder begegnen möchte. Es reicht schon, dass der zu Hause sonst was erzählen wird.

»Gar keine Beweise haben wir«, murrt Jona.

»Dann müssen wir eben welche finden!«, antwortet Deniz und zieht Jona mit sich weiter. Zusammen steigen sie die vielen Treppenstufen hinauf, bis sie ganz oben zu einem schummrig-dunklen Holzverschlag kommen und eine steile Treppe entdecken, die zu einer offenen Dachluke führt.

»Komm«, sagt Deniz und klettert die schmale Treppe mit dem Holzgeländer hoch.

»Cool!«, ruft er.

Auch Jona schiebt den Kopf durch die Luke. Sie sind in einem hohen, runden, leeren Raum gelandet. Aus den Fenstern rundum flutet von allen Seiten Licht hinein. Deniz rennt von Fenster zu Fenster.

»Çüş!«, ruft er. »Von hier aus sieht man über ganz Berlin. Schau mal dort, der Alex. Und die Spree und dort hinten, ist das der Grunewald oder was?«

»Wow. Wir sind in der Kuppel«, sagt Jona.

Auf dem Dach unter ihnen flattern ein paar Tauben hoch. Deniz rennt in die Mitte des Raums, breitet die Arme aus und fängt an, sich im Kreis zu drehen, bis er torkelt.

»Halt, stopp«, ruft Deniz lachend. »Ich muss mich drehen wie ein Derwisch. Volle Konzentration.«

Wie ein Derwisch? Deniz streckt eine Hand in die Höhe über seinen Kopf, die andere zeigt gegen den Boden. Dann dreht er sich mit kleinen Trippelschritten immer schneller. Seine Augen sind weit geöffnet und starren so lange in eine Richtung, bis er den Kopf ruckartig hinter der Drehung herwirft.

Deniz ruft: »Mach mit!«

Jona versucht es, stolpert aber über die eigenen Füße. Da packt Deniz seine Hände. Sie lehnen sich beide nach außen und wirbeln zu zweit im Kreis. Er darf mich jetzt nicht loslassen, denkt Jona, während die Fenster wie helle Schlieren an ihm vorbeifliegen. Schneller und schneller. Irgendwann krachen sie beide gleichzeitig zu Boden. Autsch. Was ist passiert? Deniz liegt auf dem Rücken und lacht: »Das war super!«

»Woher kannst du das mit dem Drehen?«, fragt Jona, der auch auf dem Rücken liegt und die Arme ausbreitet. »Was ist das überhaupt, ein Derwisch?«

»Derwische haben weiße Kleider an und können megalang im Kreis tanzen. Ein Freund von meinem Papa ist Musiker und tritt manchmal mit einem Derwisch auf. Der hat mir alles erklärt. Die Hände verbinden den Himmel und die Erde. Verstehst du?«

Jona nickt.

»Woran ist dein Vater gestorben?«, fragt er.

»Krebs«, sagt Deniz und starrt in das hohe Dach der Kuppel. Auch Jona schaut schweigend in die große hölzerne Wölbung zwischen ihnen und dem Himmel. Seine Finger berühren fast die von Deniz, aber er traut sich nicht, Deniz' Hand zu nehmen.

»Dikkat!«, ruft Deniz plötzlich und springt auf. »Hörst du die Stimmen?«

Tatsächlich hört man Stimmen, ganz leise von weit weg.

»Sind die jetzt fertig da unten?«, fragt Deniz. »Wir dürfen die Rabbinerin nicht verpassen.«

Deniz eilt zur Leiter und klettert runter. Während Jona sich noch aufrappelt, ist Deniz' Käppi schon verschwunden. Auch im Treppenhaus übernimmt Deniz die

Führung. Woher weiß er, dass sie genau jetzt nach links müssen, um wieder beim Gebetsraum zu landen? Wenn nur Sergej nicht mehr da ist! Jona packt Deniz und hält den Zeigefinger vor den Mund. Sie schleichen zu der halb offenen Tür und schielen hinein. Die Rabbinerin und die Frau, die vorgelesen hat, stapeln die Gebetsbücher. Sonst ist niemand mehr da. Ohne zu zögern, tritt Deniz in den Raum.

»Ich möchte mich entschuldigen«, sagt er. »Wegen dem Handy.«

»Schon okay«, lächelt die Rabbinerin.

»Und ich wollte Sie etwas fragen«, sagt Deniz.

»Nur zu!«

»Haben Sie schon einmal einem Kind das Handy weggenommen?«

»Kann schon mal vorkommen«, antwortet die Rabbinerin. »Wenn die im Unterricht nicht aufhören zu daddeln.«

»Und dann?«, fragt Deniz weiter. »Würden Sie das Handy in die Spree schmeißen?«

Jona steht sichtbar in der offenen Tür und nestelt in seiner Hosentasche herum. Wieso ist er nicht einfach versteckt geblieben, während Deniz seine bescheuerten Fragen stellt?

»In die Spree werfen!«, ruft die Rabbinerin und lacht schallend. Auch die zweite Frau lacht.

»Niemals würde ich das tun! Stell dir vor, der ganze Elektromüll. Die Spree ist schon verschmutzt genug! Handys kann man auch anders entsorgen. Und jetzt ab nach Hause mit euch.«

Mit einer eindeutigen Geste scheucht die Rabbinerin Deniz aus dem Raum. Jetzt erst bemerkt sie Jona und betrachtet ihn mit gerunzelter Stirn – so als ob sie ihn wiedererkennen würde. Aber dann ruft sie ihm doch nur kurz »Schabbat Schalom« zu und geht zurück zu den gestapelten Gebetsbüchern.

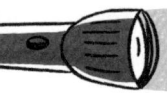

16. Ein Beweis, der keiner ist

»Das war peinlich«, stöhnt Jona, als sie wieder draußen vor der Synagoge stehen.

»Quatsch«, antwortet Deniz. »Das war eine super Detektiv-Leistung. Ich würde sagen eins a plus. Cooler Einfall von mir, das Handy klingeln zu lassen.«

»Du warst einfach nur zu blöd, das Handy auszumachen. So würdest du doch auch nicht in eine Moschee gehen.«

»Nur so konnten wir sie überführen.«

Deniz zieht Jona in eine Toröffnung, die zu einem Hinterhof führt.

»Ich hab alles heimlich aufgenommen«, flüstert er. »Sie klaut den Kindern ihre Handys.«

»Quatsch«, sagt Jona. »Im Unterricht wegnehmen, das machen die bei uns an der Schule doch auch.«

»Wie die gelacht hat! Voll übertrieben, megaverdächtig«, meint Deniz. »Und sie hat zugegeben, dass sie Handys entsorgt. Jetzt müssen wir weitere Beweise sammeln oder sie direkt überführen. Weiß dein Bruder, wo sie wohnt?«

»Lass meinen Bruder aus dem Spiel. Kannst ja deine Mutter fragen.«

Deniz setzt sich im Hof auf eine Bank unter einer großen Platane und zückt sein Handy.

»Hör mal gut zu«, sagt er stolz. »Die Aufnahme von ihrem Geständnis!«

Doch dann stutzt Deniz.

»Çüş!«, ruft er. »Laura war's. Laura hat angerufen!«

Laura hat sogar eine Sprachnachricht hinterlassen.

»Los, stell auf laut!«, sagt Jona.

»Hört endlich auf mit eurem Theater«, schnaubt Lauras Stimme. »Mein Handy war in der Schule! Kurz bevor wir zum Sport sind, hab ich mit Aysun gechattet. Es wurde eindeutig in der Schule geklaut, und zwar in der Mittagspause!« Dann legt sie auf. Kein Tschüss, kein gar nichts. Deniz sackt in sich zusammen.

»Die Rabbinerin kann es also nicht gewesen sein«, sagt Jona. Er ist erleichtert, dass er nicht durch ganz Berlin hinter ihr herschleichen und ihr irgendwo auflauern muss.

»Krasse Leistung, yeah! Deniz, der Superdetektiv! Eins a plus«, prustet Jona und kippt vor Lachen fast von der Bank.

»War doch deine Idee mit der Rabbinerin, nicht meine«, antwortet Deniz. Seine Stimme klingt dabei so verzweifelt, dass Jona aufhört zu lachen und noch nicht mal Lust hat, Deniz zu widersprechen.

»Vielleicht hat Laura das Handy zum Sport mitgenommen und in der Umkleide vergessen?«, versucht Jona ihn zu trösten. »Vielleicht kam dann eine andere Klasse zum Sport, jemand hat das Handy geklaut und nach Schulschluss einen Ausflug …«

»Klar doch«, fällt ihm Deniz ins Wort. »Handy geklaut, Ausflug mit 'nem Schiff gemacht und das Handy zwischen Seilen verbuddelt.«

»Mann, liegen lassen, vergessen oder so. Oder wieder weggeschmissen, weil die Person den Code nicht herausgefunden hat. So wie wir. Kann doch sein.«

»Und wenn schon. Ändert eh nichts. Den Deppen finden wir nie und Laura wird uns sowieso nicht glauben.«

»Aber wir sind doch Detektive«, murmelt Jona wenig überzeugt. »Wir könnten doch nachschauen, wer nach uns Sport hatte.«

»Lass uns nach Hause fahren«, sagt Deniz.

Anders als auf dem Hinweg ist die U-Bahn um diese Uhrzeit rappelvoll. Ganz Berlin ist unterwegs, mitsamt Kinderwagen, Hunden und Fahrrädern. Es stinkt nach Schweiß, Parfüm und Zigarettenqualm. Jona wird durch eine Gruppe von Touristen mit Rollkoffern und großen Taschen von Deniz weggedrängt. Nein, ich will ihn nicht verlieren, denkt Jona und spürt, wie Angst in ihm aufkommt.

»Jona! Schnell aussteigen«, hört er Deniz' Stimme.

Jona schiebt die Leute zur Seite und springt zur Türe. Mit einem Satz ist er auf dem Bahnsteig.

»Komm!«, ruft Deniz und zieht Jona mit sich hinter jemandem her. Dieser jemand hat grüne Turnschuhe an, Marke Blitz. Der Typ ist groß und dünn und trägt Jeans.

»Wir überholen ihn!«, drängt Deniz. »Du von links und ich von rechts und dann drehen wir uns gleichzeitig um und versperren ihm den Weg.«

Und dann? Was dann? Aber Deniz lässt keine Zeit für Fragen.

»Los!«, ruft er und rennt rechts vorbei an dem schlanken Mann und Jona nimmt den Weg links rum. Kurz vor der Treppe zum Ausgang bremst Deniz scharf, dreht sich um und postiert sich gemeinsam mit Jona vor der Treppe. Hier kommt keiner durch. Der Mann mit den grünen Turn-schuhen nähert sich ahnungslos. Es ist eine Frau. Eindeutig.

»Scheiße!«, zischt Deniz.

Dann nehmen die beiden Jungs die nächste Bahn und am Leopoldplatz steigen sie um in die U9. Sie reden nicht mehr miteinander. Zurück in der Turmstraße, schließt Deniz sein Fahrrad auf, murmelt kurz »Tschüss« und haut ab. Jona trottet alleine nach Hause. Sergej ist zum Glück nicht da. Auch die Eltern werden sich noch lange Zeit lassen. Jona ruft Sophie an. Sie nimmt nicht ab. Er öffnet das Fenster in seinem Zimmer, lehnt sich hinaus und erzählt den Pappeln im Hof, was für ein beschissener Tag das heute war. Die Bäume wiegen ihre langen Stämme und flüstern: »Wird schon, wird schon!« Die haben gut reden!

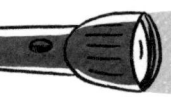

17. Der perfekte Kinnhaken

In der Schule werden Jona und Deniz auch am Montag von den anderen in der Klasse schräg angeschaut und geschnitten. Sogar Irina läuft an Jona vorbei, als ob sie nie miteinander gesprochen hätten. Das tut weh. Aber was fast noch schlimmer ist: Max ist wieder da und Jona Luft für Deniz. Jede Pause rennt Deniz zu Max. In der ersten hat sich Jona noch zu den beiden dazugestellt. Aber Max und Deniz haben einfach weitergeredet über irgendein Computerspiel, das Jona nicht kennt. Er hat dann irgendwas Blödes gefragt und bekam natürlich keine Antwort. In den anderen Pausen und auch beim Mittagessen bleibt Jona allein. Während der Schulstunden reden er und Deniz nicht miteinander. Jona zeichnet Wirbel und Kreise in sein Matheheft, einmal sogar einen Kreis, durch den ein Blitz fährt. Rasch überkritzelt er das Turnschuhzeichen wieder. Deniz soll sich bloß nicht einbilden, dass Jona noch immer an ihr gemeinsames Abenteuer denkt.

Bei Schulschluss packen Jona und Deniz ihre Sachen

schweigend zusammen. Jona schiebt jeden Buntstift sorgfältig in die kleinen Gummischleifen im Federmäppchen, obwohl er sie sonst immer nur reinschmeißt. Auch Deniz lässt sich Zeit. Vielleicht fühlt er sich genauso komisch wie Jona. Ob auch er noch an den Kreiselwirbelwind hoch oben in der Synagoge denkt?

Laura dreht sich zu ihnen: »Na, ihr Detektive? Geht ihr jetzt wieder auf Verbrecherjagd?«

Sie wirft den beiden verächtliche Blicke zu und stürmt dann mit den anderen Schülern aus dem Klassenzimmer.

»Detektive?«, lacht Max und klingt mindestens so spöttisch wie Laura. »Mit dem Weichei? Haha!«

»Quatsch! Doch nicht mit dem Papa-Baby«, sagt Deniz und lacht auch. »Wir haben nur …«

Weiter kommt Deniz nicht, weil Jonas Faust ihn trifft und er rücklings zwischen den Schulbänken zu Boden kracht. Sergej wäre stolz auf den perfekten Kinnhaken, verabreicht durch seinen kleinen Bruder. Jona aber ist richtig erschrocken. Er beugt sich runter zu Deniz, der mittlerweile auf dem Boden hockt und sich mit zusammengekniffenem Gesicht den Hinterkopf reibt. Max kauert neben Deniz und stützt ihm den Rücken. Zu Jona sagt er: »Spinnst du jetzt total?«

Eigentlich wollte sich Jona bei Deniz entschuldigen, stattdessen rutscht ihm raus: »Selber Papa-Baby!«

Jona richtet sich auf, schnappt seinen Schulranzen,

stopft rasch sein Federmäppchen rein und geht. Einfach blind zur Türe und hinaus. Ein bisschen Angst hat er, dass Max hinter ihm herrennt, um Deniz zu rächen und ihn, Jona, zu verprügeln. Aber nichts passiert. Jona geht über den Hof und aus dem Schultor. Dann rennt er los, irgendwohin. Er rennt und rennt, bis er außer Puste ist und nur noch stumpf weitertrottet. Die Straßen sind groß und laut, die Häuser grau und hässlich. Auf einem Hof duckt sich ein mickriger Spielplatz. Die fensterlose Hauswand am Rand des Spielplatzes ist voll von Graffiti. »#Liebe ist legal« steht da und »Spießer zisch ab«. Daneben turnen gesprayte Tiere, die Glupschaugen und spitze Ohren haben und ihre giftgelben Zungen weit rausstrecken. Der Spielplatz ist leer, nur zwei, drei Krähen hüpfen über den kleinen viereckigen Sandkasten. Jona setzt sich auf die einzige Schaukel und schwingt sich vor und zurück, wobei er die Füße am Boden schleifen lässt. Er denkt an Lübeck und wie er dort in der Wakenitz mit Sophie schwimmen war. Irgendwann quatscht ihn eine alte Frau an.

»Was'n los, Kleener?«

Ihr Atem stinkt mächtig nach Alkohol. Die Frau klammert sich an die Kette der Schaukel, weil sie selbst noch heftiger schwankt als diese.

»Wer wird denn gleich weinen?«, fragt sie.

Aber Jona weint doch gar nicht. Oder doch? Er schnieft,

fährt sich mit dem Handrücken übers Gesicht und fragt die Frau, wie er zur Zwinglistraße kommt.

»Keene Ahnung«, antwortet diese und pustet dabei ihren Gestank in sein Gesicht. Aber den Weg zum Kleinen Tiergarten kann sie ihm sehr wohl zeigen. Sie nimmt Jona an der Hand und zieht ihn zur Straße.

»Hier erst mal geradeaus und dann da vorne bei der großen Kreuzung rechts«, lallt sie. »Das wird schon, mein Kleener.«

Dann wankt die Frau singend in die andere Richtung davon.

18. Aufbruch mit dem eigenen Fahrrad

Am nächsten Tag geht Jona nicht zur Schule.

»Bauchschmerzen«, sagt er, und Mama stellt ihm eine große Tasse mit Tee und einen Teller mit Zwieback und Apfelschnitzen hin, bevor sie zur Arbeit muss. Jona 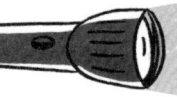 rührt den Tee nicht an und hat keine Lust auf Zwieback. Er starrt an die Decke und muss an Deniz denken, der am Boden hingestreckt zwischen den Schulbänken lag. Nie wieder will Jona in diese blöde Klasse! Als Papa ins Zimmer schaut, stellt sich Jona schlafend. Dann starrt er wieder an die Decke. Er muss dringend mit Sophie sprechen, aber Sophie ist noch in der Schule. Am liebsten würde er zurück nach Lübeck ziehen. Ob er nicht einfach bei Sophie wohnen könnte? Ihr Zimmer ist leider viel zu klein, da hätte gar kein zweites Bett Platz. Und auch sonst ist die Wohnung nicht gerade groß für die vielen Leute. Ständig klopft jemand an die Tür, wenn man bei ihr auf dem Klo sitzt.

Jona öffnet die Vorhänge und das Fenster und streut

Zwiebackkrumen aufs Fensterbrett. Vielleicht kommen ja Spatzen, denkt er, während er dem Wispern der Pappeln lauscht.

Am frühen Nachmittag erreicht Jona Sophie endlich und erzählt ihr, dass er Deniz einen richtigen Kinnhaken verpasst hat und dass ihm das jetzt irgendwie leidtut.

»Geschieht ihm doch recht!«, sagt Sophie.

Dann erzählt sie, dass Hannes mal wieder richtig witzig war und in Sachkunde lustige Fragen gestellt hat. Die ganze Klasse musste so lachen, dass keiner mehr Herrn Mejer zuhören konnte. Auch beim Erzählen verschluckt sich Sophie vor lauter Lachen und Jona versteht nur die Hälfte. Sowieso findet er die Witze über Dinos, die 100 Meter weit pupsen und mit ihrem Wind kleine Tiere in die Luft wirbeln, im Moment gerade nicht so lustig.

»Meine Eltern behandeln mich wie ein Baby«, sagt Jona. »Nicht einmal Fahrrad fahren darf ich hier.«

»Echt nicht?«, wundert sich Sophie. »Wir sind doch immer ganz alleine zur Falkenwiese geradelt und einmal sogar bis nach Schlutup! Weißt du noch?«

»Klar doch!« Jona nickt heftig.

»Und weißt du noch unseren Segelkurs?«, fragt sie. »Das war voll anstrengend mit dir auf dem Boot, du hast immer Lee und Luv verwechselt.«

»Dafür kann ich die weltbesten Knoten«, sagt Jona. »Und hab bei der Prüfung sogar deine geknüpft.«

»Stimmt!«, lacht Sophie. »Heimlich unter dem Tisch. Keiner hat es gemerkt.«

Die beiden quatschen und lachen noch fast eine Stunde lang. Dann trinkt Jona den Tee auf ex und stürmt in Papas Arbeitszimmer. Papa sitzt über seinen Schreibtisch gebeugt und murmelt: »Blumen, wos ich benk noch.«

»Papa, ich brauch mein Fahrrad.«

»Du bist doch krank«, murmelt Papa. »Blumen, wos ich …«

»Papa, jetzt!«, ruft Jona.

Endlich schiebt Papa die Papiere zur Seite.

»Aber das ist doch gefährlich hier in Berlin!«, sagt er.

»Alle in der Schule haben ein Fahrrad. Die ganze Klasse.«

»Hm«, macht Papa und steht tatsächlich auf. Gemeinsam gehen sie in den Keller und tragen Jonas Fahrrad die steilen Kellerstufen hinauf. Jona schleppt das Hinterrad. Puh, ganz schön schwer! Auf dem Hof pumpen sie beide Räder prall, prüfen die Klingel und die Bremsen und geben der Kette frisches Öl.

»Du musst gut aufpassen«, sagt Papa. »Immer die Fahrradwege nutzen, Handzeichen geben und beim Abbiegen Blick über die Schulter. Ja?!«

»Klar«, antwortet Jona und streichelt den Sattel. Das dunkle, glatte Leder fühlt sich vertraut an. Das Fahrrad scheint vor Freude zu hüpfen. Gleich werden sie gemeinsam vom Hof fräsen und bald schon ganz Berlin erkunden.

Nur er und sein cooler roter Racer mit den vielen Gängen, die man mit beiden Händen schalten muss. Jonas Finger erinnern sich noch ganz genau, wie.

Gerade prüft Papa den Sitz von Jonas Helm, als Mama mit ihrem Rad auf den Hof kommt.

»Was macht ihr da?«, fragt sie. »Ich dachte, du bist krank. Ich bin extra früher von der Arbeit gekommen.«

»Ich will endlich wieder Fahrrad fahren«, sagt Jona. »Ich bin kein Baby mehr.«

»Ich komm mit dir mit«, antwortet seine Mutter.

»Nein, ich fahre allein«, sagt Jona und schiebt sein Rad aus der Hoftür.

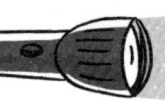

19. Spurlos verschwunden

»Ich muss mir den Weg gut merken«, denkt Jona, als er in die Beusselstraße schwenkt. Die Straße ist mehrspurig, Lastwagen donnern neben dem schmalen Streifen für Fahrräder vorbei. Trotzdem bleibt Jona lieber auf der großen Straße, um sich nicht in den verwinkelten Seitenstraßen zu verirren. Die Straße führt einen Hügel hinauf, Jona gerät ins Schwitzen und macht oben auf der Brücke Pause. Unter ihm dehnt sich ein riesiges Hafengelände, auf dem sogar lange, schmale Containerschiffe beladen werden. Hier würde nicht einmal Jona sich trauen, zu tauchen. Und schon gar nicht für das Handy dieser eingebildeten Laura.

Am Ende der Brücke steht ein Wegweiser: »Strandbad Plötzensee«. Da muss er hin! Jona biegt nach rechts und entdeckt beim nächsten Lichtsignal wieder das verheißungsvolle Schild. Er schiebt das Rad inmitten von vielen Fußgängern mit bunten Badetaschen über die Straße und sieht da vorne tatsächlich Wasser glitzern. Rasch fährt er durch die Bäume aufs Wasser zu und dann am Ufer

104

entlang. Sein Rad gleitet so leicht durch den Park, als ob es fliegen würde. Auf den Ufermauern sitzen Leute und lassen ihre Beine baumeln. Jona bremst ab, legt sein Rad ins Gras, zieht den Helm und die Sandalen aus und streckt seine Beine und die Füße so lang, bis sie das kühle Wasser berühren.

Das Bad liegt auf der gegenüberliegenden Seite vom See. Es hat einen großen Sandstrand und einen hohen Sprungturm. Bis hier zu Jona dringen die begeisterten Rufe, das Kreischen und das Lachen der Kinder. Vielleicht kommt er bald wieder her, zusammen mit Deniz, und dann bringt er ihm bei, wie man beim Tauchen die Luft richtig anhält. Mit Deniz? Mit diesem blöden Angeber? Niemals! Außerdem redet Deniz bestimmt nicht mehr mit ihm, weil er ihn umgeboxt und Papa-Baby genannt hat, obwohl sein Papa doch tot ist. Selbst schuld. Deniz hat damit angefangen. Ob Irina mal mit ihm mitkommt? Vielleicht vergisst sie diese blöde Handy-Geschichte irgendwann oder Jona erklärt ihr noch einmal alles ganz in Ruhe und auf Russisch. Vielleicht glaubt sie ihm dann.

Jona legt sich rücklings auf die Wiese, schaut in den blauen Himmel und träumt vor sich hin. Auf einmal hört er hinter sich eine Frauenstimme, die ihm irgendwie bekannt vorkommt. Aber woher? Jona dreht sich zu der Stimme. Die Frau auf dem Weg hinter ihm hat offene dunkle Haare, auf denen ein bunter Sonnenhut thront. Sie schiebt ihr Fahrrad mit der einen Hand und hält ihr Handy in der anderen. Auf dem Gepäckträger ist eine Holzkiste montiert, in der ein geflochtener Korb mit großem Henkel steht.

»Seit fünf Tagen ist er verschwunden. Spurlos«, sagt die Frau. »Er geht nicht mehr ans Handy, und ich weiß nicht mal, wo er wohnt. Und dabei liebt er mich s-o-o-o-o sehr. Hat er jedenfalls behauptet.«

Die Frau lacht kurz auf, dann schluchzt sie und schließlich fährt sie wütend fort: »Schauspieler! Seine angebliche Firma findet man noch nicht mal im Internet.«

»Ja, ich komm vorbei«, sagt die Frau nach einer kurzen Pause und schwingt sich auf ihr Rad. Erst als sie schon losgefahren ist, kapiert Jona endlich: Das ist die Frau mit dem

Hund im Korb, die im Döner *Arkadaşlar* den *MoMo*-Typen gesucht hat. Den Turnschuhmann! Bam! Jona springt auf sein Rad, barfuß und ohne Helm, und düst hinter ihr her. Aber der Park hat sie verschluckt. Die Frau ist spurlos verschwunden. Als ob Jona alles nur geträumt hätte. Enttäuscht radelt Jona zurück zu seinem Platz, hockt sich hin und starrt ins Wasser. Hat sie wirklich vom Turnschuhmann gesprochen? Dann gibt es die Firma *MoMo* vielleicht gar nicht, und das Fahrrad dient nur dazu, gut getarnt Schmuckläden auszuspionieren? Das ist eine superheiße Spur! Aber was soll Jona mit der jetzt anfangen? Deniz hat ihn verraten. Deniz und er sind kein Detektivteam mehr. Nie wieder. Wieso ist Jona dann überhaupt dieser Frau hinterhergeradelt? Alleine will er kein Detektiv mehr sein. Wozu auch?

Jona schlüpft in seine Sandalen, setzt den Helm auf und macht sich auf den Heimweg. Immer, wenn er glaubt, er hätte sich verfahren, erkennt Jona irgendetwas und weiß, dass er doch auf dem richtigen Weg ist. Hier ist auch schon der große Hafen mit den Containern und den Kränen. Jona saust die Beusselstraße hinunter und – halt, stopp! – an der Zwinglistraße vorbei. Egal, er kann ja umdrehen und findet sein Zuhause ganz easy.

Seine Eltern sind erleichtert, ihn wieder gesund und munter bei sich zu haben, und beobachten zufrieden, wie Jona sich das Abendessen mit Riesenappetit reinpfeift. Mit vollem Mund erzählt er vom Plötzensee und dass er da bald wieder hinwill.

»Machen wir«, versprechen Mama und Papa.

»Echt, so nah?«, fragt Sergej. »Da fahr ich mit meinen Kumpels auch mal hin.«

Wenigstens zu Hause ist alles wunderbar. Oder doch nicht? Mama druckst an irgendwas rum. Sie hüstelt. Papa nickt ihr zu. Dann sagt sie:

»Frau Kartal hat angerufen.«

»Wer ist das denn?«, fragen Sergej und Jona gleichzeitig.

»Na, die Mutter von diesem Deniz aus deiner Klasse«, erklärt Mama.

»Der Idiot, der in der Synagoge Verbrecher-Rap hört?«, fragt Sergej.

Jetzt wechseln Mama und Papa erstaunte Blicke und Jona möchte am liebsten unter dem Esstisch verschwinden.

»Frau Kartal hat gesagt, ihr hättet euch geprügelt«, fährt Papa fort.

»Hey, Bro, lass dich von so einem bloß nicht vermöbeln. Wenn du Hilfe brauchst …«

»Sergej, halt den Mund. Es geht jetzt nicht um dich«, unterbricht ihn Mama.

»Aber die beiden haben sich in der Synagoge voll danebenbenommen«, mault Sergej. »Haben alle anderen genervt und sind einfach abgehauen.«

Jona sitzt da, stumm und erstarrt und mit knallheißem

Gesicht. Mama tut so, als ob sie Sergej nicht gehört hätte, und sagt: »Frau Kartal will uns alle zu sich in ihr kleines Restaurant einladen, damit wir die Sache in Ruhe besprechen.«

»Deniz' Mutter hat gesagt, wir hätten uns geprügelt?«

Ja, bestätigen die Eltern. Das stimmt doch gar nicht, denkt Jona. Wir haben uns nicht verprügelt. Nur ich hab zugeschlagen.

»Wieso hast du uns nichts davon erzählt?«, fragt Mama besorgt. »Wir können dir doch helfen. Wir können auch mit deiner Klassenlehrerin sprechen. Du bist doch neu an der Schule. Die darf so was nicht zulassen.«

Jona schüttelt den Kopf.

»Ich klär das selber«, sagt er. »Ich will auch nicht mit euch zu Melek.«

Die Eltern schauen ihn verwirrt an. »Zu Melek?«

»Mann, zu dieser Frau Kartal. Jetzt lasst mich in Ruhe.«

»Aber morgen gehst du wieder zur Schule«, sagt Papa.

Jona nickt.

»Und wenn was ist, sagst du uns Bescheid.«

Wieder nickt Jona.

Ja, morgen geht er zur Schule, und zwar mit seinem Fahrrad. Und er wird Deniz von der Frau mit dem Sonnenhut und dem Hund erzählen, der er nun schon zweimal begegnet ist.

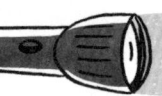

20. Fußball zu dritt

Am nächsten Morgen in der Schule sitzt Jona überpünktlich an seinem Platz und tut so, als ob er seine Stifte und Hefte sortieren müsste. Keines der hereinkommenden Kinder grüßt ihn, keines fragt, ob er krank war und ob es ihm wieder gut geht. Deniz lässt sich erst gar nicht blicken. Damit hat Jona nicht gerechnet. Er wollte sich doch bei ihm entschuldigen und sich bedanken, dass Deniz ihn nicht verpetzt hat. Erst als Frau Mützel schon in der Tür steht, witscht Deniz an ihr vorbei und hechtet zu seinem Platz.

»Hi«, sagt Jona zu Deniz.

»Da bist du ja wieder«, sagt Frau Mützel. »Ich hoffe, du hast eine unterschriebene Entschuldigung von deinen Eltern dabei. Du kannst sie mir in der Pause bringen.«

»Morgen«, sagt Jona leise.

»In Ordnung. Aber morgen dann wirklich.«

Jona nickt.

Dann fängt der Unterricht an, aber Jona hat keine Ahnung, worum es geht. Er denkt immer nur darüber nach, wie er mit Deniz reden soll. In der Pause wird Deniz eh wieder zu Max abdüsen. Und dann? Dann ist alles wieder so blöd und schrecklich wie am Montag.

Aber als es zur Pause klingelt, stürmt Deniz nicht los. Er bleibt sitzen und packt seine Essensbox aus. Dabei sagt er kein Wort und starrt immer nur auf den Tisch.

»Was du deiner Ma erzählt hast«, fängt Jona an, »ist echt nett. Eigentlich hab doch nur ich zugeschlagen. Es tut mir ...«

»Meinst du, ich erzähl meiner Mutter: So 'n Weichei hat mir 'ne Riesenbeule verpasst und ich hab mich nicht mal gewehrt? Vallah, nee!«

Deniz grinst. Auch Max steht plötzlich vor ihnen und lacht. Jona schießen die Tränen in die Augen.

»Krasser Schlag war das«, sagt Max. »Üble Beule!«

Jona will aufspringen und abhauen. Aber Max fährt fort: »Deniz hat mir alles erzählt. Ihr seid echt witzige Detektive, knockt euch gegenseitig aus!« Max lacht noch lauter und prustet: »Wir sollten besser Fußball spielen zusammen.«

Hat Jona richtig gehört?

»Wir?«, fragt er.

»Klar«, antwortet Max. »Obwohl, ich weiß nicht. Ich dachte ja immer, du hättest das Handy geklaut.«

»ICH?« Jona verschluckt sich fast. »Wie kommst du denn auf so was?«

»Mann, du hast dich so aufgespielt nur wegen den paar

111

Pics von Laura. Voll verdächtig, so ein nerdiger Neuer. Klaut erst ein Handy und macht dann einen auf Opfer.«

»Du bist so ein Arsch«, sagt Jona.

»Ist doch wahr!«, antwortet Max und äfft Jona nach. »Ich Armer, ich find meinen Weg nicht, nehmt mich mit. So ein Gejammere die ganze Zeit. Damit wolltest du doch nur von dir ablenken.«

»Geht's noch?!«, sagt Jona. »Ich kann auf euch verzichten. Spielt doch alleine Fußball.«

»Komm schon!«, sagt Max. »Du hast mich doch genauso verdächtigt.«

Jona wird knallrot.

»Überführt«, grinst Max.

Eigentlich verdächtigt Jona Max ja immer noch. Das Handy war vor Sport im Klassenzimmer und nach der Mittagspause verschwunden – genauso wie Max …

»Los, wer als Erster unten ist«, ruft Max.

Jona rennt hinter den beiden her. Jetzt erst bemerkt er den Fußball, der die ganze Zeit schon unter Max' Arm klemmt.

Der große Fußballplatz ist natürlich durch die anderen Kinder besetzt. Also bestimmt Max zwei Bäume als Torpfosten und legt auch gleich die Regeln fest.

»Einer gegen einen und einer ist im Tor. Immer nach fünf Toren gibt es Wechsel.«

Max geht sogar zuerst ins Tor. Jona spielt gar nicht so

schlecht. Es steht zwar bald drei zu eins für Deniz, aber auch der muss richtig kämpfen – nicht nur gegen Max, der ein verdammt guter Keeper ist, sondern auch gegen Jona. Es gelingt Jona, den Ball zwischen Deniz' Füßen wegzufischen, sich rasch damit zu drehen und ihn loszupfeffern. Ein perfekter Schuss! Doch der Ball schießt am Baumstamm vorbei. O Mist – er landet erst hinter dem rotweißen Flatterband, das den frisch gesäten Rasen schützt.

»Krasser Schuss«, grinst Max.

»Und jetzt?«, fragt Deniz.

Ist doch klar, was zu tun ist. Jona steigt über das Absperrband und geht auf Zehenspitzen durch die dunkle Erde und über die grünen Grasspitzen.

»Ihr schon wieder!«

Der Hausmeister! Wo kommt der so plötzlich her? Rasch schnappt sich Jona den Ball und kommt mit gesenktem Kopf zurück.

»Wenn ich euch noch ein Mal ...«

»Tut uns leid«, fällt Deniz dem Hausmeister ins Wort. »Kommt nie wieder vor. Großes Ehrenwort.«

»Große Klappe, sonst nichts!«, schnauzt der Hausmeister.

Deniz setzt seinen Unschuldsblick auf, der bei der Schulleiterin funktioniert hat, aber so einen Hausmeister wohl kaum rühren wird.

»Darf ich Sie bitte etwas fragen, Herr Wandrak?«, flötet Deniz.

»Du? Was fragen?«

»Ja. Es ist nämlich so, ich habe Asthma und muss dann rasch mein Spray nehmen.«

Deniz hat Asthma? Davon wusste Jona gar nichts. Sogar Max ist erstaunt.

»Über Mittag ist das Klassenzimmer aber immer abgesperrt, oder?«

»Natürlich«, antwortet der Hausmeister. »Dann musst du eben deine Notfallmedikamente auch in der Mittagspause bei dir haben.«

»Also, die Tür ist immer, immer zu?«, insistiert Deniz.

»Wenn ich es doch sage«, antwortet der Hausmeister und wirkt schon langsam wieder ärgerlich. »Außer natürlich, wenn ich eure Fenster reparieren muss und dieser Computertyp mich dauernd dabei stört.«

»Stimmt«, sagt Deniz und lächelt freundlich. »Sie haben letzte Woche die Fenster bei uns repariert. Vielen Dank. Jetzt gehen sie wieder gut auf und zu.«

Auch der Hausmeister lächelt.

»Aber wer hat Sie denn gestört bei dieser Arbeit?«, fragt Deniz so unschuldig und beiläufig wie möglich, während Max und Jona die Luft anhalten.

»Na, der Typ von der Firma *MoMo*, der die neuen Geräte im Computerraum endlich fertig installieren sollte.«

Deniz pfeift durch die Zähne, und Herr Wandrak merkt, dass er in eine Falle getappt ist.

»Zum Teufel mit euch!«, ruft er. »Wenn ich euch noch ein Mal mit irgendwas erwische, kriegt ihr alle drei einen fetten Brief nach Hause! Merkt euch das!«

Mit hochrotem Kopf und laut fluchend eilt Herr Wandrak davon und lässt die drei Jungs stehen.

»Wow!«, sagt Max.

Er und Jona klopfen Deniz gleichzeitig auf die Schulter.

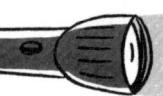

21. Ausgetrickst!

In der nächsten Pause steuern Jona, Max und Deniz quer über den Hof direkt auf Irina und Laura zu. Irina führt gerade ihre neuen Moves vor, während Laura mal wieder Fotos macht. Jona nimmt all seinen Mut zusammen.

»Könnt ihr mal kurz aufhören«, sagt er. »Wir müssen euch was erzählen.«

»Na dann, schieß los«, meint Irina und lächelt ihm zu.

»Wir waren es nicht«, fängt Jona an. Ahhhrrr! Jona würde sich am liebsten auf die Zunge beißen. Auch ihm ist nichts Besseres eingefallen als der nervige Deniz-Spruch. Natürlich verdrehen die Mädchen demonstrativ ihre Augen.

»Lass uns weitermachen«, sagt Laura zu Irina.

»Jetzt hört uns doch einfach mal zu!«

Jonas Stimme ist auf einmal richtig laut. So laut, dass sogar Laura aufhört, blöd zu grinsen.

»Wir haben nämlich einen Hauptverdächtigen«, sagt Jona und fügt leiser hinzu: »Vielleicht.«

Während Deniz stolz nickt, erzählt Jona den Mädchen,

wie Deniz Herrn Wandrak reingelegt hat und wie sie rausgefunden haben, dass am letzten Donnerstag ein komischer Computer-Freak den Hausmeister immer wieder aus dem Klassenzimmer gelockt hat. Und zwar volle Kanne mit Absicht!

»Aha! Wandrak war also in der Mittagspause in unserer Klasse. Ganz allein?«, fragt Laura mit hochgezogenen Brauen. »An dem Tag, als das Handy verschwunden ist?«

Deniz und Jona stutzen kurz, wollen sich aber nicht von ihrer eigenen heißen Spur ablenken lassen.

»Auch der Computer-Typ war allein im Zimmer!«, sagt Deniz. »Und er hat einen riesigen Fahrradanhänger, in dem könnte er locker alle Handys der Schule verstecken.«

»Das ist doch kein Beweis für gar nichts«, schnaubt Laura. »Handys haben überall Platz. Außerdem wurde nur ein einziges geklaut. Meins!«

»Der Typ ist seither spurlos verschwunden«, sagt Jona und das finden dann doch alle megaverdächtig. Jona beschreibt die Frau, die mitsamt Hund in einem Henkelkorb im Imbiss *Arkadaşlar* verzweifelt nach dem Inhaber der Firma *MoMo* gesucht hat.

»Und das erzählst du mir erst jetzt?«, fragt Deniz empört.

Aber Jona geht nicht weiter auf ihn ein.

»Und dann bin ich der Frau noch einmal begegnet. Beim Fahrradfahren.«

»Du fährst Fahrrad?«, ruft Deniz dazwischen.

»Mann, unterbrich mich nicht immer.«

Endlich sind alle still und hören gebannt zu, was Jona über das am Plötzensee belauschte Telefongespräch berichtet.

»Die Frau denkt, es gibt die Firma *MoMo* gar nicht. Sie hat geweint. Der Mann, der sie angeblich so liebt, hat sich in Luft aufgelöst.«

»Ein Heiratsschwindler«, sagt Irina. »So was gibt es. Hab ich mal auf YouTube gesehen. Die suchen sich reiche Frauen und hauen dann mit dem Geld ab.«

»Çüş!«, ruft Deniz.

»Quatsch!«, sagt Laura. »Die Firma *MoMo* installiert doch angeblich hier bei uns an der Schule die Computer. Los, wir suchen die.«

Schon nach wenigen Klicks auf ihrem Handy findet Laura einen Eintrag und liest vor: »Mobile Montagen. Ich löse alle Ihre Probleme mit technischen Geräten, zuverlässig und günstig.« Sogar eine Telefonnummer ist dabei.

»Die war einfach nur blind vor Liebeskummer«, kichert Laura. »Wir rufen ihn jetzt mal an, euren Hauptverdächtigen!«

»Und dann?«, fragt Deniz.

Der sollte Laura nicht so voller Bewunderung anstarren und seinen Mund wieder zuklappen, denkt Jona und muss sich ein Lachen verkneifen. Wo bleibt Coolman Deniz?

»Du bist doch unser Geschichtenerfinder«, sagt Laura

und tippt auf die angegebene Telefonnummer. Sie stellt ihr Handy auf laut und streckt es Deniz entgegen, obwohl der heftig den Kopf schüttelt und mit den Händen abwehrt.

»Firma *MoMo*«, ertönt eine Männerstimme im Kreis der Kinder.

Laura drückt Deniz das Handy einfach in die Hand.

»Hallo«, sagt er mit verstellter Stimme, die tatsächlich tief und erwachsen klingt. »Hier Herr Wandrak. Sie wissen doch, Miriam-Makeba-Grundschule.«

»Ja, natürlich. Ich … ich …«, stottert es am anderen Ende.

»Ich hoffe, Sie haben unseren Termin nicht vergessen. Wir brauchen die Computer. Dringend.« Deniz' Stimme klingt beinahe drohend.

»Moment, ich schau nach«, sagt der Angerufene. »Am Mittwoch komme ich, sobald der andere Auftrag erledigt ist. Also morgen, so gegen 14 Uhr.«

»Gut. Dann stören Sie mich wenigstens nicht wieder in der Mittagspause.«

»Ich … oh, das tut mir leid. Ich will … ich habe … Ich werde pünktlich sein. Um zwei bin ich da, Herr Wandrak. Ich tue mein Bestes, Herr Wandrak. Vielen Dank für Ihren Auftrag. Auf Wiedersehen.«

»Auf Wiedersehen. Bis morgen«, antwortet Deniz und legt rasch auf, bevor sie alle fünf wie wild losprusten.

»Ich werde pünktlich sein, Herr Wandrak!«

»Vielen Dank für Ihren Auftrag, Herr Wandrak!«

»Bis morgen, Herr Wandrak!«, grölen die Kinder durcheinander und kriegen vor Lachen fast keine Luft mehr.

»Was ist an meinem Namen so lustig?«, ertönt plötzlich eine wütende Stimme und alle fünf sind mit einem Schlag still. Das Lachen in ihren Gesichtern ist wie eingefroren.

Herr Wandrak kommt drohend auf Laura zu: »Wie hast du eigentlich dein Handy gefunden? Oder ist das etwa schon wieder ein neues?«

Herr Wandrak streckt die Hand nach Lauras Handy aus, die es an ihren Körper presst.

In diesem Moment schrillt die Pausenklingel. Die Kinder erwachen aus ihrer Starre, eilen auseinander und rennen an Herrn Wandrak vorbei hoch ins Klassenzimmer.

22. Zwei Verdächtige und ein perfekter Plan

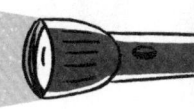

»Ich spendiere 'ne Runde Eis«, sagt Laura nach Schulschluss. »Wir treffen uns im Kleinen Tiergarten.«

Die drei Jungs gehen vor und warten im Schatten der großen Kastanie, bis Laura und Irina mit dem Eis anrücken: fünf Schoko-Vanille-Erdbeer-Sandwiches! Lecker!

»Tut mir leid«, sagt Laura, während sie Deniz sein Eis in die Hand drückt. »Ich dachte wirklich, ihr habt das Handy geklaut.«

»Schon okay«, antwortet Deniz.

»Ich war total im Stress. Gestern Abend habe ich die Fotos eingereicht. Das war …«

»Ja, endlich!«, unterbricht Irina. »Immer nur dein Fotowettbewerb. Das wurde langsam echt nervig.«

Irina beißt in ihr Eis-Sandwich und fährt mit vollem Mund fort: »Der ist verdächtig, dieser *MoMo*-Typ, der hat so ein schlechtes Gewissen.«

»Ich bin sicher, Wandrak war's«, sagt Laura. »Woher weiß der sonst, dass mein Handy weg war?!«

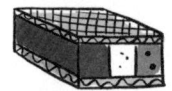

Genauso sicher war sie, dass wir es sind, denkt Jona.

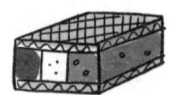

»Vielleicht arbeiten die beiden ja zusammen?«, überlegt Max.

»Ich hasse diesen Typen«, zischt Laura. »Das ist doch ein Rassist. Kaum erwischt der mich beim Fotografieren, kommt er mit seinen peinlichen Sprüchen: Deutschland ist keine Bananenrepublik. Hier gibt es Datenschutz und Persönlichkeitsrechte! Blabla.«

Laura schnaubt wütend und fährt fort: »Außerdem hat er selbst zugegeben, dass er an dem Tag über Mittag alleine bei uns im Klassenzimmer war.«

»Ich glaub nicht, dass es Wandrak war«, sagt Irina. »Der ist so überkorrekt. Habt ihr mal seine Listen gesehen, die er von Fundsachen macht, die nicht abgeholt werden? So was wie: blaue Hose aus Jeansstoff, Größe 134, mit langem Riss über dem linken Knie und Straßendreck an den unteren Hosenbeinen.«

Max und Deniz lachen schallend.

»Und in der vorderen Hosentasche ein gebrauchtes Taschentuch «, ergänzt Deniz.

»Außerdem ist der sadistisch«, sagt Max. »Lieber, als ein Handy wegzuschmeißen, bestellt Wandrak deine Eltern in die Schule und macht dich vor denen fertig. Hab ich selbst erlebt.«

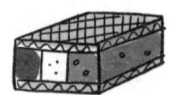

122

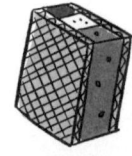
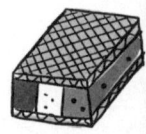

»Ich trau's ihm zu, dass er klaut«, widerspricht Laura.

»Wartet doch mal«, sagt Deniz. »Wir haben euch noch gar nicht alles erzählt. Jona und ich sind nämlich richtig großen Verbrechern auf der Spur. Stimmt's?«

Jona nickt. »Ja, gefährlichen Schmuckräubern. Mit Messern.«

»Die gehören bestimmt zur Berliner Diamantenbande«, ergänzt Deniz. »Die Polizei sucht die schon lange. Wir haben im Netz recherchiert. Das sind ganz miese Trickdiebe.«

»Echt?!«, rufen Irina und Laura gleichzeitig.

»Also, der Typ, der mein Handy geklaut hat, ist eigentlich ein Diamentendieb?«, fragt Laura. »Das ist doch total komisch, klaut Diamanten und genau EIN Handy. Aus einem Klassenzimmer!«

»Hm. Vielleicht. Wir wissen es nicht so recht«, sagt Jona und sogar Deniz wiegt zweifelnd den Kopf.

Aber immerhin hören die anderen jetzt endlich zu und halten die Klappe, während Jona und Deniz erzählen. Deniz berichtet insbesondere von eigenen Superheldentaten, fast so, als hätte er höchstpersönlich die Schmuckräuber in die Flucht geschlagen. Dann beschwört er alle, gemeinsam das Geschäft von Herrn Hansen zu retten.

»Klar doch, machen wir!«

Jona lehnt am Stamm der großen Kastanie und wird immer stiller. Direkt neben seinem Kopf wippt nämlich Irinas Fuß gegen den Baum. Für sie ist es offensichtlich eine kleine Dehnübung so ganz nebenbei, für ihn aber ein Luftspagat, den er nie hinbekommen würde. Irina lächelt ihm zu. Mit Grübchen und Zahnlücke und allem. Nie hätte Jona gedacht, dass er sich hier in diesem beschissenen Berlin mal so glücklich fühlen könnte. Mit Herzklopfen und allem.

»Wir brauchen einen Plan für morgen«, sagt Deniz. »Um zwei Uhr sind wir ja noch im Unterricht. Aber der *MoMo*-Typ darf uns nicht entkommen! Wir müssen ihn beschatten und verfolgen.«

Weil Irina als Einzige beim Hausmeister noch nicht total unten durch ist, wird sie als Ausspäherin bestimmt. Sie soll sich wegen Übelkeit um halb zwei nach Hause schicken lassen, sich aber in der unteren Toilette verstecken, von der aus sie den Hof immer gut im Auge behalten kann. Sobald das *MoMo*-Fahrrad und der Computertyp auftauchen, muss sie sich ihm an die Fersen heften und, wenn er wieder losfahren will, die anderen alarmieren. Wenn nur der Unterricht bis dann vorbei ist.

Sie sind sich einig: »Wir schnappen den Dieb! Bam!«

»Beobachte auch den Hausmeister«, verlangt Laura. »Wenn ihr mich fragt: Der war's, der hat mein Handy geklaut!«

»Und pass auf dich auf«, sagt Jona leise und Irina lächelt ihm dankbar zu.

Aber sie hat offensichtlich keine Angst. Sie macht ein paar Luftschläge mit Fäusten und Füßen und ruft dazu:

»Zack, zack und zack und jedes Messer fliegt weg!«

»Jeder kommt morgen mit dem Fahrrad«, befiehlt Deniz, »damit wir die Verfolgung sofort aufnehmen können.«

Er grinst frech zu Jona: »Mit einem eigenen Fahrrad. Es gibt nämlich welche hier, die echt zu schwer sind für hinten drauf.«

»Schnauze«, sagt Jona und grinst auch. »Du hast meine Faust doch schon kennengelernt, du Leichtgewicht.«

Jona boxt Deniz auf den Oberarm und dieser boxt zurück. Aber Jona springt rasch einen Schritt zur Seite und Deniz' Faust saust in die Luft. Manchmal ist so ein großer Bruder, bei dem man sich ein paar Tricks abschauen kann, doch gar nicht so schlecht. Jona legt einen Arm um Deniz, und gemeinsam lassen sie sich runterplumpsen zu den anderen, die schon auf der Wiese hocken.

Die Wiese ist eigentlich gar keine Wiese mehr, sondern niedergetrampelte Erde und trockener Sand. Die fünf lecken sich das restliche Eis von den Fingern und besprechen wieder und wieder ihren Plan für den nächsten Tag. Sie wollen Beweise sammeln, den Mann auf frischer Tat ertappen, Fotos machen, ihn überführen, überrumpeln, k. o. schlagen und dann die Polizei rufen, damit sie den Bösewicht abholt und in den Knast bringt. Bis es so weit ist, müssen sie sich bestimmt auch mal trennen, sie können den Mann ja unmöglich immer zu fünft verfolgen. Was ist beispielsweise, wenn der Kerl in eine Kneipe geht, um ein Bier zu trinken oder auch nur zu pinkeln? Also verabreden sie Treffpunkte, WhatsApp-Codes und geheime Handzeichen.

Jona hat insgeheim Angst, dass der Typ wirklich ein Messer mit sich führt und Irina sich mit ihren Schlägen und Tritten an der langen Klinge verletzen wird. Oder sie radeln blindlings hinter dem *MoMo*-Mann her und landen mitten im Hauptquartier der Schmuckdiebe. Die werden natürlich kurzerhand alle Kinder in einen dunklen Keller sperren und von ihren Eltern Lösegeld verlangen. Und zwar eine so hohe Summe, die keine der Familien bezahlen kann. Polizei und Politiker werden eingeschaltet. In den Nachrichten sagen sie, dass man solchen Erpressern auf keinen Fall nachgeben darf. Sonst fängt jeder an, Kinder zu entführen, um damit sein Geld zu verdienen. Und wenn es doch zu einer Lösegeldübergabe kommt, fallen Schüsse, Jonas rechte Hand wird durchlöchert und er kann nie wieder Bilder zeichnen oder malen. Auch keine Seepferdchen für Irina. Stopp!, befiehlt Jona sich selbst, bevor er noch ganz untergeht im Strudel seiner grässlichen Vorstellungen. Dann doch lieber laut zugeben, dass er Schiss hat.

»Was ist, wenn der nicht allein ist, sondern plötzlich Verstärkung auftaucht?«, fragt Jona.

»Wir sind doch auch zu fünft!«, antwortet Deniz etwas zu großspurig. Wahrscheinlich hat auch er heimlich Angst.

»Zu fünft sind wir unbesiegbar!«, sagt Deniz noch

angeberischer, obwohl seine Stimme zittert. Jedenfalls ein kleines bisschen zittert, was vielleicht nur Jona bemerkt.

»Gemeinsam sind wir schlau und stark«, sagt Laura. »Gemeinsam sind wir die …«

»Die Großstadtdetektive!«, fällt ihr Irina ins Wort.

Alle fünf nicken begeistert. Yeah! Sie schlagen ihre Hände gegeneinander und das fühlt sich schon ziemlich stark an. Ziemlich megaobersuperstark und verdammt gut.

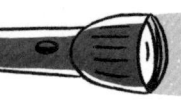

23. Verfolgungsjagd zu fünft

»Das Essen in der Kantine war schlecht«, stöhnt Laura und springt auf.

»Eine Lebensmittelvergiftung!«, ruft Deniz und rennt mit Würgelauten hinter ihr her.

Jetzt erst kapiert Jona: das Zeichen! Irina hat Laura per Handy das verabredete Zeichen geschickt. Der *MoMo*-Mann verlässt das Schulgelände, die Jagd beginnt.

»Ich glaub, ich muss kotzen«, ruft Jona verzweifelt und presst die Hand vor den Mund, während er neben Max, der von Magenkrämpfen gekrümmt wird, aus dem Klassenzimmer eilt.

Frau Mützel ruft: »Was ist los? So geht das doch nicht!« Aber da fällt die Klassentür schon ins Schloss. Max und Jona speeden das Treppenhaus runter hinter Laura und Deniz her, die schon nicht mehr zu sehen sind.

Die Sonne auf dem Hof blendet. Gerade noch kann Jona erkennen, wie Irina durchs Tor schlüpft. Da draußen stehen ihre Räder und warten. Verdammt, Jonas Schloss klemmt! Er steckt den Schlüssel andersrum in den schmalen Schlitz und rüttelt und schüttelt verzweifelt an Schloss und Schlüssel. Endlich lässt es sich öffnen und Jona kann sich auf den Sattel schwingen. Irina, Laura, Max und Deniz sind schon um die nächste Ecke gedüst – schnell, er darf sie nicht aus den Augen verlieren! Zum Glück ist der Elektriker mit seinem schweren Fahrrad und Anhänger nicht gerade ein Rennfahrer. Jona holt die anderen rasch ein. Eine ganz schön auffällige Gruppe! Was, wenn der Typ Verdacht schöpft?

In der nächsten Kurve entdeckt Jona etwas Gefährliches: Das Lastenrad hat vorne am Lenker einen richtig großen, schräg rausragenden Rückspiegel! Jona überholt Max und Deniz auf dem Gehweg, fährt neben Laura und flüstert ihr atemlos zu: »Schau mal, der hat einen Spiegel. Geh nach hinten. Er darf dich nicht erkennen!«

Auch Laura erschrickt und lässt sich hinter die anderen zurückfallen. Besser so, denkt Jona, denn vielleicht wurde ihr Handy doch nicht nur zufällig geklaut. Es ist nun mal das teuerste von allen. Wahrscheinlich hat Laura als Einzige in der Klasse ein Handy, bei dem sich Diebstahl überhaupt lohnen würde.

Unterdessen radeln sie durch kleinere Seitenstraßen, in denen fünf Verfolger natürlich noch mehr auffallen. Jona kennt die Gegend nicht. Er betrachtet die wenigen kleinen Läden, die am rechten Straßenrand vorbeiziehen. Eine Zoohandlung mit Wellensittichen und Kanarienvögeln, die im Schaufenster in einem großen Käfig durcheinander von einer Stange zur anderen hüpfen; eine Kneipe, die damit wirbt, dass sie Hertha-Spiele live zeigt; ein Späti; ein Schlüsseldienst und ein Büro, *Übersetzungen – tercüme,* steht fett auf der Frontscheibe. Plötzlich bremst Irina scharf. Jona erschrickt und brettert fast in sie rein. Der Anhänger ist ganz unerwartet zum Stillstand gekommen. Laura, Deniz und Max überholen ihn und fahren einfach weiter, als ob nichts wäre, als ob sie Jona und Irina noch nicht mal kennen würden. Wie besprochen werden sie verborgen hinter der nächsten Straßenecke auf ein Zeichen warten.

Irina und Jona sollen den *MoMo*-Typ unauffällig beobachten und dabei fühlt sich Jona mit seinem rot verschwitzten Kopf so auffällig wie ein Leuchtturm auf einer einsamen Insel. Was machen zwei Zehnjährige hier in dieser fast menschenleeren Straße mit den hohen grauen Häusern, zwischen denen es keine Spielplätze gibt? Warum kam der *MoMo*-Anhänger überhaupt zum Stillstand? Der Typ steigt ab und geht zum Schaufenster. Das Schaufenster eines Goldschmieds!

Çüş!, würde Jona am liebsten sagen und wie Deniz durch die Zähne pfeifen. Irina schiebt ihr Rad an den Rand des Bürgersteigs und lehnt es an einen Zaun, Jona stellt seins dazu. Dann nimmt Irina einfach so seine Hand und spaziert mit ihm schnurstracks vor das Geschäft.

»Schau mal«, plappert Irina. »Die Kleeblatt-Ohrringe sind doch hübsch. Die wünsch ich mir zum Geburtstag.«

»Ohrringe für 275 Euro?«, fragt Jona entgeistert.

»Mann, sei nicht so geizig«, lacht Irina und zieht Jona näher zu sich ran. Über Jonas Schulter hinweg beobachtet sie den Monteur, der gebannt ins Schaufenster starrt. Jetzt erst checkt Jona, dass sie geschauspielert hat. Wow!

»Schau«, sagt er, »die sind doch auch schön«, und zeigt auf die billigsten Ohrringe, die er in der ganzen Auslage entdecken kann. Auch die kosten 99 Euro.

»Hm, geht so«, macht Irina, als ob sie die verwöhnteste und reichste Tussi aller Zeiten wäre.

Der Typ löst seinen Blick vom Schaufenster und starrt Irina voll ins Gesicht. Sein Blick flackert wie bei einem Verrückten. Voll gruselig. Dann steigt er aufs Rad, wendet es in einem großen Bogen und fährt zurück – genau in die entgegengesetzte Richtung der drei versteckten Kinder.

»Schnell, fahr hinter ihm her«, flüstert Irina. »Ich komm mit den anderen nach.«

Sie wirft noch rasch einen Blick auf die Auslage im Schaufenster, da, wo der Typ eben noch stand.

»Diamantringe«, hört Jona sie flüstern. Wie schafft Irina es nur, so ruhig zu bleiben, während Jonas Herz rasend schnell schlägt. Bestimmt plant der Schmuckdieb seinen nächsten Einbruch. Er wird wieder als Erster in den Laden gehen und den anderen durch das Schaufenster ein Zeichen geben, wenn die Luft rein ist.

»Los jetzt!«, sagt Irina, »du darfst ihn nicht aus den Augen verlieren.«

Sie düst mit ihrem Rad ab, während Jona die Fährte aufnimmt. Ganz allein und ohne Handy muss er durch das unbekannte Berlin hinter diesem gefährlichen Verbrecher herradeln.

24. Vollbremsung

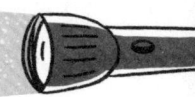

Immer öfter dreht der Mann seinen Blick zum Rückspiegel. Er hat Verdacht geschöpft! Jona bricht der Schweiß aus, was eigentlich gar nicht möglich ist, weil er eh schon schwitzt wie verrückt. Endlich hört er ein Fahrrad hinter sich. Es ist Irina, die nun neben ihm radelt.

»Die anderen bleiben weiter hinten«, flüstert sie. »Zu fünft sind wir zu auffällig.«

Das sind wir auch zu zweit, denkt Jona und nickt.

Das Lastenrad vor ihnen macht einen gefährlichen Schlenker. Was ist passiert? Auch der Mann selbst scheint erschrocken zu sein, setzt sich kerzengerade hin, streckt eine Faust in die Luft und dann die andere.

»Ich glaub, der gähnt«, flüstert Jona zu Irina.

»Der ist saumüde«, antwortet sie. »Kein Wunder bei seinem doppelten Beruf. Einbrecher und Elektriker!«

Ein Lachen möchte sich breitmachen in Jona, aber das geht jetzt nicht. Er muss sich aufs Fahren konzentrieren und seine Kräfte für den großen Angriff sparen.

»Tag und Nacht auf Achse«, kichert Irina. Und dann lacht Jona doch. Das Lachen kullert einfach durch ihn hindurch. »Wie Superman«, sagt er und vergisst zu flüstern. »Tagsüber im Büro, nachts ein Held.« Auch Irina prustet los.

»Vnimaniye!«, brüllt sie plötzlich. »Pass auf.«

Zu spät. Jona ist hinten in den Anhänger gekracht und mit dem Gesicht voran auf der harten Plane gelandet.

»Alles okay?«, fragt der Typ erschrocken, während er vom Rad steigt und sich verdammt nahe in Jonas Richtung beugt. Er ist unrasiert und sein Atem stinkt. Jona dreht sein Gesicht etwas zur Seite und murmelt: »Sorry, ja, alles okay.«

»Dich kenn ich doch«, brummt der Mann. »Was klebst du so an mir dran?«

Jona rappelt sich rasch hoch und tastet über seine Stirn,

die bestimmt Schrammen oder eine Beule abbekommen hat.

»Komm«, sagt Irina. »Ich wohne ja gleich um die Ecke, ich hol dir ein Kühlpack.«

Natürlich wohnt Irina nicht um die Ecke, sie ist nur die weltbeste Schauspielerin. Als sie mit ihren Rädern außer Sichtweise sind, informiert Irina die anderen.

»Schick die beiden Jungs los«, sagt sie zu Laura. »Wir sind aufgefallen und halten uns jetzt lieber versteckt. Der Typ hat vor einem Waschsalon in der Stephanstraße geparkt, in der Nähe der Rathenower.«

Wir sind aufgefallen klingt irgendwie besser als *Jona ist kopfüber in den* MoMo-*Anhänger gekracht.* Wie peinlich ist das denn?! Wenn Deniz das erfährt, wird er ihn für den Rest der Schulzeit auslachen. Bestimmt.

Eigentlich wollte Jona immer mal alleine mit Irina sein, irgendwo zu zweit, und sich ganz in Ruhe mit ihr auf Russisch unterhalten. Sie fragen, ob ihre Oma aus Sankt Petersburg auch mal nach Berlin zu Besuch kommt oder umgekehrt. Aber das passt jetzt irgendwie nicht. Außerdem ist Jonas Mund zu trocken. Sehnsüchtig denkt er an seine Trinkflasche, die im Schulranzen steckt, und der liegt im Klassenzimmer, hinter einer sicherlich längst verschlossenen Tür.

»Glaubst du, Frau Mützel hat unsere Eltern angerufen?«, fragt Jona.

Irina zuckt mit den Schultern. Dann erzählt sie, wie sie den *MoMo*-Typen und Herrn Wandrak durchs Schulhaus verfolgt hat, natürlich immer ganz leise und mit Abstand.

»Bis runter in den Keller bin ich ihnen heimlich hinterher und dort verschwanden sie im Computerraum. Ich hab mich vor die Tür gestellt, um sie zu belauschen. Aber plötzlich ging die Tür wieder auf. Ich konnte mich gerade noch flach an die Wand pressen und bekam die Tür trotzdem fast ins Gesicht. Wenigstens hat sie mich versteckt. Aber lieber wäre ich ein Tintenfisch gewesen und hätte die beiden verschwinden lassen in einer riesig fetten schwarzen Wolke.«

Irina lächelt Jona zu.

»Und dann?«, fragt dieser gespannt.

»Herr Wandrak machte einen Schrank auf und die beiden haben zusammen eine große Kiste in den Computerraum geschleppt. Sie waren so konzentriert auf ihr Geschleppe, dass sie mich zum Glück nicht entdeckt haben.«

»Puh«, stöhnt Jona und fühlt sich bestimmt mindestens so erleichtert wie Irina in ihrem Versteck.

»Die Tür zum Computerraum haben sie hinter sich zugezogen. Der Schrank blieb offen. Ich bin superleise hingeschlichen, Mission Beschattung Wandrak lief auf höchsten Touren! Aber im Schrank gab es nur verschlossene Kisten und Schachteln. Die meisten waren komisch beschriftet mit Buchstaben und Zahlen. Eine der Kisten konnte ich öffnen, fand da drin aber nur irgendwelchen Elektro- und Computerkram. Auf einmal habe ich komische Geräusche aus dem Raum hinter mir gehört und bin rasch verschwunden.«

Irina erzählt, wie sie ein besseres Versteck in einer Wandnische gefunden hatte und dort verharren musste, bis endlich erst Herr Wandrak und später auch der Techniker den Computerraum verließen. Sie folgte ihm so unauffällig wie möglich. »Den Rest kennst du ja.«

Jona nickt.

»Bol'no?«, fragt Irina und streicht mit zwei Fingern über Jonas Stirn. Jona schüttelt den Kopf.

»Boah!«, sagt sie. »Ist jetzt schon 'ne fette Beule.«

Jona würde gerne ihre Hand nehmen und sie sich wieder auf die Stirn legen oder an die Wange oder wenigstens etwas Cooles sagen. Aber es fällt ihm nichts ein. Irgendwann fragt er: »Was der wohl macht im Waschsalon?«

»Na, Wäsche waschen«, antwortet Irina und kichert. Da kullert wieder so ein Lachen durch Jona und beim Herausplatzen steckt es auch Irina an. Fast hätten die beiden das Klingeln des Handys überhört. Irina stellt auf laut und hält es zwischen sich und Jona.

»Er ist eingeschlafen«, flüstert Deniz.

»Schon unterwegs!«, antwortet Irina.

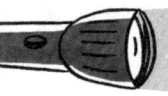

25. Im Waschsalon

Fünf Fahrräder lehnen an einer Hauswand neben dem Waschsalon, fünf Kinder halten sich hinter dem Hausvorsprung verborgen.

»Der hat mehrere Paar weiße Stoffhandschuhe in die Trommel gesteckt!«, erzählt Deniz.

»Çüş!«, entfährt es Jona. »Weiße Handschuhe! Wie der Schmuckräuber mit dem Messer!«

»Genau!«, antwortet Deniz.

Jona linst um die Ecke und durch die riesige Fensterscheibe. Der Typ hängt schief auf einer Bank, den Kopf gegen die Seitenwand einer Waschmaschine gelehnt, den Mund halb offen, die Augen zu. Ihm gegenüber dreht sich Wäsche in der Trommel. Noch zwei, drei andere Waschmaschinen bewegen träge ihre Ladung, die in runden bunten Schlieren an den Luken klebt. Weiter hinten sitzt eine alte Frau vor einem Wäschetrockner, ansonsten ist niemand im Waschsalon. Der Typ trägt Jeans und ein dunkles T-Shirt – genau wie ihn Herr Hansen beschrieben hat. Eine

Hand rutscht von seinem Oberschenkel und baumelt neben der Bank. Eine feingliedrige und doch kräftige Hand. Am kleinen Finger blitzt etwas rot auf!

»Laura, schnell!«, ruft Jona und vergisst jede Vorsicht. »Schau mal, vergrößere das mal, mach ein Foto!«

Laura nimmt das rote Etwas ins Visier und macht mehrere Bilder. Von der Hand, vom Finger, vom Ring, von dem Mann und schließlich tritt sie zwei Schritte zurück und fotografiert den Waschsalon. »Moabit wäscht weißer«, heißt der Werbeslogan, der in hellen Wölkchen am oberen Rand der Fensterfront klebt.

»Ja, es ist ein Ring«, sagt Laura und zeigt den anderen die Bilder.

»Sieht kostbar aus«, meint Max.

»Ist bestimmt ein Rubin«, ergänzt Deniz.

Und jetzt? Alle wissen genau, dass nun der Moment wäre, auf den sie hingearbeitet haben. Sie müssten einfach nur die Polizei rufen. Der Typ schläft netterweise ja sogar und wird brav warten, bis die Polizei kommt.

»Die wird uns kein Wort glauben.«

»Er wird alles abstreiten.«

»Wir haben keine Beweise.«

»Wir bringen ihn zu Herrn Hansen«, schlägt Deniz vor. »Der wird ihn und auch den Ring erkennen.«

Wir bringen ihn zu Herrn Hansen? Wie das denn? Alle vier schauen Deniz verdutzt und ratlos an.

»In seinem eigenen Fahrradanhänger«, schlägt Irina vor und fängt an, die dicken Druckknöpfe aufzureißen, die die Plane an der seitlichen Wand des Gefährts festtackern. Klack-klack-klack – Irina schiebt die Plane nach oben. Säuberlich geordnet liegen da größere und kleinere Kisten und Werkzeuge. Ein Set Schraubenzieher beispielsweise. Brauchen das Einbrecher oder Elektriker?

»Bist du verrückt?«, fragt Max. »Gleich wacht er auf und bringt uns zur Polizei wegen Beschädigung fremden Eigentums oder so was.«

Laura macht rasch ein paar Fotos vom Inneren des Anhängers, dann schlägt Irina die Plane wieder zu. Max flucht vor sich hin: »Verdammt, es muss doch eine Lösung geben!«. Deniz trippelt unruhig auf und ab und Jona nestelt genauso unruhig in seiner Hosentasche. Seine Finger spielen mit der Segelknoten-üben-Schnur. Knoten, denkt Jona, und zu seiner eigenen Überraschung sagt er laut: »Ich binde ihm die Hände und die Füße zusammen.«

Gebongt! Die Kinder machen High five, sprechen kurz ab, wer was zu tun hat, und schon schleichen Jona, Deniz und Laura als Erste in den Waschsalon. Ein übertriebener Waschpulvergeruch, der in der Nase kitzelt, schlägt ihnen entgegen. Jona presst sich mit zwei Fingern die Nase zu und verschluckt sein Niesen. Jetzt bloß keine Geräusche, die den Dieb aufwecken könnten!

Laura geht nach hinten zu der alten Frau, setzt sich

neben sie und legt ihr den Arm so um die Schultern, dass die Frau den Kopf nicht drehen und
das unheimliche Geschehen hinter ihrem Rücken
nicht beobachten kann. Laura fängt mit der Frau ein
Gespräch an, bei dem es um teure Mieten und das
Berlin von früher geht. Hocherfreut erzählt die Alte
dem Mädchen irgendwelche Kindheitserinnerungen.

Unterdessen drückt Deniz dem Dieb die Hände zusammen und Jona schlingt ihm das Seil um die Handgelenke. Es muss schnell gehen und sicher halten. Er macht
einen Palstek, fädelt die Schnur durch die Schlaufe und zieht
sie so fest wie möglich zu. Danach macht er gleich noch
einen zweiten Seemannsknoten und noch einen. So, das
müsste genügen. Irina reicht Jona eine Rolle Elektrokabel,
die sie im Anhänger gefunden hat. Das Kabel ist steif und
klobig und lässt sich nicht zu Knoten binden. Also umwi-
ckeln Jona und Deniz die Waden des Diebs mehrfach. Der
Dieb grunzt, zuckt im Schlaf und wirft den Kopf abrupt
zur anderen Seite. Erschrocken halten Jona und Deniz die
Luft an, doch der Mann schnarcht zum Glück leise weiter,
und die beiden Jungs fädeln das Ende des Kabels rasch
zwischen die Beinumwickelung.

Irina und Max schieben derweil das Rad mitsamt Anhänger rückwärts in den Waschsalon und parken es mit
offener Plane direkt vor dem Ringdieb. Jetzt kommt der
schwierigste Teil: Wie sollen Jona und Deniz den langen,

schlaksigen Mann in den Fahrradanhänger hieven, ohne ihn aufzuwecken? Stumm geben sie sich Zeichen und packen den Dieb von links und rechts. Sie versuchen ihn hochzustemmen, doch der Mann schüttelt sie mit einer heftigen Bewegung seiner Schultern ab, sackt wieder auf die Bank zurück und – wacht auf.

»Was zum Teufel?!«, ruft er.

Jonas Herz bleibt kurz stehen und rast dann umso heftiger. Deniz hüpft erschrocken zur Seite. Da stellt sich Irina blitzschnell zwischen den Typen und den Anhänger, greift mit beiden Händen nach hinten, packt seine gefesselten Arme, stößt einen lauten Kampfschrei aus und geht in die Knie. Irina macht sich rund, zieht mit einem Ruck und – der völlig überrumpelte Mann landet auf ihrem Rücken!

Jona und Deniz umgreifen seine Oberarme und zerren ihn weiter bis in den Anhänger hinein. Auch Laura kommt angerannt und schiebt die gefesselten Beine von hinten. Die alte Dame lässt sich eh nicht mehr ablenken oder beruhigen, sondern schreit gellend um Hilfe. Rasch die Plane über den Mann werfen und die Knöpfe festdrücken. Schon steuert Max das Rad aus dem Waschsalon und fährt los Richtung Juweliergeschäft. Der Anhänger hinter ihm ruckelt heftig und flucht. Aus der Plane ragen mit Kabel umwickelte Beine und ein Paar große Turnschuhe, die Sohlen himmelwärts gerichtet. Die Schuhe sind dreckig, trotzdem sind der runde Kreis und der Blitz auf beiden Fersen klar erkennbar.

26. Eine riesige Lieferung für Herrn Hansen

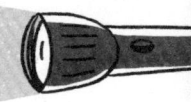

Eine Autofahrerin schaut irritiert aus dem Fenster zu dem seltsamen Gefährt. Sie fährt nur noch Schritttempo.

»Theater-AG!«, ruft Deniz ihr zu.

Die Frau lacht, winkt den Kindern und fährt endlich weiter.

»Ruhe unter der Plane«, ruft Deniz Richtung Anhänger. »Oder wir fahren direkt zur Polizei.«

Tatsächlich wird das Fluchen leiser.

Deniz und Jona radeln vor zum Juweliergeschäft, springen von den Rädern und klingeln Sturm. Hoffentlich ist Herr Hansen überhaupt da! Über den Schaufenstern sind mittlerweile metallene Rollos runtergelassen, die gleichgültig scheppern, während Jona und Deniz mit Fäusten dagegen hämmern.

»Herr Hansen, wir sind's!«, ruft Deniz und tritt verzweifelt gegen die Tür.

Jona hört ein schlurfendes Geräusch und zieht Deniz gerade noch rechtzeitig von der Tür zurück, die sich endlich öffnet. Herr Hansen schielt zwischen Türspalt und vorgeschobener Kette zu den beiden Jungs raus. Seine grauen Haare stehen ungekämmt in alle Himmelsrichtungen, sein Hemd hängt noch schiefer als beim letzten Mal.

»Wir haben ihn!«, japst Deniz. »Rasch die Tür auf!«

»Wen habt ihr?«, fragt Herr Hansen, während er immerhin die Kette löst und die Türe ein bisschen weiter öffnet.

»Den Dieb! Den Ringdieb! Den Ring!«, ruft Deniz.

Da bringt Max das große *MoMo*-Fahrrad mit quietschenden Bremsen direkt vor dem Juweliergeschäft zum Stehen. Herr Hansen starrt entsetzt auf die aus dem Anhänger ragenden gefesselten Beine mit den großen Schuhen und dann von einem Kind zum anderen.

»Um Himmels willen, Kinder«, sagt Herr Hansen.

»Lasst mich hier raus, verdammtes Pack«, schreit es unter der Plane.

»Was macht ihr bloß für Sachen?!«, fragt Herr Hansen fassungslos und tritt näher, um das seltsame Gefährt zu begutachten.

Die fünf Verbrecherjäger sind auf einmal ganz kleinlaut und wissen nicht so recht, was sie sagen sollen. Irina fängt sich als Erste wieder.

»Wir liefern den Dieb ab«, sagt sie und klackt die Plane auf. Der Gefangene robbt und schiebt sich rückwärts aus dem Anhänger und springt auf die Füße. Er taumelt und schwankt, verliert fast das Gleichgewicht und richtet sich schließlich doch zu voller Länge auf. Wutentbrannt schaut er runter zu den Kindern. Auf seine Wange hat eine der Kisten eine tiefe Furche gedrückt.

»Ihr blöden Rotzlöffel«, schreit er, »ich werde …«

Mitten im Satz verstummt der Mann. Er hat Herrn Hansen entdeckt und auch Herr Hansen hat ihn erkannt. Die beiden Männer starren sich an, beide mit offenem Mund, beide unrasiert.

»Ich wollte Ihnen den Ring zurückbringen, ich schwöre es«, stammelt der Dieb. »Ich bin kein Dieb. Es ist wegen Gloria.« Die Stimme des Mannes wird immer leiser. »Und wegen Miray«, murmelt er.

»Bindet ihn frei«, sagt Herr Hansen. Auch er spricht mit leiser, aber scharfer Stimme, die keine Widerrede duldet.

Den Mann einfach losbinden? Jona schaut ratlos zu seinen Freunden.

»Bind ihm die Hände los«, flüstert Irina. »Aber nur die Hände«, ergänzt sie auf Russisch. Jona löst die drei Seemannsknoten. Seine Finger zittern dabei, es dauert viel länger als bei jeder Prüfung. Endlich kriegt er auch den Palstek auf, zieht die Seglerschnur zu sich heran und lässt sie wieder in der eigenen Hosentasche verschwinden. Der Dieb schüttelt kurz seine Hand-gelenke und reibt sie sich. Dann hält er erst die linke Hand vor das

145

Gesicht und schließlich die rechte. Er dreht und wendet die Hände, starrt von einer Hand zur anderen und genau so machen es die Kinder und Herr Hansen. Da ist kein rot funkelnder Stein, da ist kein Ring.

»Nein«, schreit der Mann und sackt in sich zusammen. Gerade noch kann Irina ihn auffangen und stützen, sonst wäre er hingekracht.

»Nein!«, ruft auch Herr Hansen und hält sich am Türrahmen fest.

»Der Ring ist weg«, stöhnt der Dieb.

Jona wird von einem Schwindel gepackt. War die ganze Jagd umsonst?

»Schauspieler«, stößt Laura hervor. »Wir müssen ihn durchsuchen.«

27. Doppeldieb

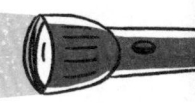

»Ich hab ihn«, lacht Deniz und zieht sich den Ring vom Mittelfinger. »Sicher ist sicher.«

Er reicht den Ring Herrn Hansen. Herr Hansen hält den Ring gegen die Sonne, betrachtet prüfend das rote Funkeln und endlich funkeln und strahlen auch seine Augen.

»Deniz«, sagt er, »du bist großartig.«

»Das waren *wir*«, antwortet Deniz und macht eine weit ausholende Armbewegung wie ein Dirigent auf der Bühne, der Applaus für sein Orchester fordert. Angeber, denkt Jona, muss aber trotzdem lächeln.

»Ihr könnt ihn losbinden«, sagt Herr Hansen, und seine Stimme hat wieder den warmen Klang, den Jona vom letzten Besuch im Schmuckgeschäft kennt.

»Nein, wir befreien ihn nicht«, protestieren die fünf. »Wir rufen jetzt die Polizei.«

»Tut es bitte nicht!«, jammert und bettelt der Dieb. »Dann verliere ich Miray. Sie ist der ehrlichste Mensch der

Welt. Sie wird es mir nie verzeihen. Obwohl ich doch nur wegen ihr geklaut habe. Aber das darf sie nicht wissen.«

Laura flüstert: »Der hat einen Knall, wenn ihr mich fragt.« Aber niemand fragt Laura und so zückt sie ihr Handy und macht Fotos vom Ringdieb mit den zusammengebundenen Beinen.

»Cheeeese«, grinst sie.

»Du auch hier?«, fragt der Mann entsetzt.

Laura lässt das Handy sinken.

»Sie. Kennen. Mich?«, fragt sie mit langen Pausen zwischen jedem Wort und starrt den Mann an.

»Du hast mein Handy geklaut«, stößt sie plötzlich hervor. »Du warst es! Das wirst du büßen.«

Laura springt auf den Mann zu, aber Deniz hält sie zurück.

»Ich kann alles erklären«, stammelt der Dieb.

»Ja«, antwortet Herr Hansen, »das scheint wohl nötig. Kommt mit rein und wir unterhalten uns in Ruhe.«

Herr Hansen stößt die Tür zu seinem Geschäft weit auf und geht mit Deniz vor. Max schiebt das *MoMo*-Rad an den Gehwegrand und der Dieb hüpft mit kleinen Sprüngen fluchend Richtung Tür. Er wird gut bewacht von Jona und Laura, die neben ihm herlaufen und dabei immer wieder seinen wild rudernden Armen ausweichen müssen.

»Bindet ihn los«, wiederholt Herr Hansen, als sie alle im Laden sind.

»Aber erst die Tür verriegeln«, verlangt Laura. »Der ist voll hinterhältig!«

»Er wird nicht abhauen«, sagt Herr Hansen. »Ich vertraue ihm.«

Trotzdem verriegelt Herr Hansen die Tür doppelt, so wie es sich für einen guten Juwelier gehört, wenn er Kundschaft im Laden hat. Den Schlüssel steckt Herr Hansen in seine Hosentasche.

»Osvobodi yego«, flüstert Irina. »Bind ihn los.« Max und Laura bauen sich vor der Tür zum Hinterzimmer auf und bewachen den gesamten Raum wie Leibwächter beim Auftritt eines wichtigen Politikers. Die Schaufenster sind zum Glück durch die Rollos versperrt. Es gibt keine Fluchtwege mehr.

Jona kauert sich vor den Dieb, fummelt das Kabelende frei und wandert schließlich um den Mann herum, während er das mit jeder Runde länger werdende Kabel aufwickelt. Kaum ist er frei, schüttelt der Mann seine Beine und massiert sie sich stöhnend. Er richtet sich wieder auf und schielt abwechselnd zur verschlossenen und zur bewachten Tür.

»Nu?«, fragt Herr Hansen. »Könnten Sie uns bitte erzählen, was Sie dazu bewogen hat, den Ring, dieses wertvolle Schmuckstück, illegalerweise in Besitz zu nehmen?«

Puh, redet der auf einmal gestelzt. Herr Hansen hat so viele verschiedene Stimmen. Jona erinnert sich mit leichtem Schaudern daran, wie kalt und fies Herr Hansen den Gauner mit dem Messer nachgespielt hat.

»Ich … ich …«, stammelt der Dieb und schaut sehnsüchtig zum Ausgang.

»Fliehen ist zwecklos. Wir wissen, wer Sie sind«, meint Herr Hansen ruhig. »Also, antworten Sie bitte: Arbeiten Sie mit den Trickdieben zusammen?«

»Nein!«, sagt der Dieb heftig. »Das müssen Sie mir glauben. So etwas wie mit diesem Ring ist mir noch nie passiert. Der Ring hat mich verhext.«

»Und der Handyklau?«, fährt Laura dazwischen. »War da auch Hexerei im Spiel, oder was?«

Der Dieb ignoriert die wütend schnaubende Laura. Er richtet sich kerzengerade auf, schaut Herrn Hansen direkt in die Augen und erklärt: »Ich wollte den Ring verkaufen. Ich geb's zu. Es tut mir furchtbar leid.«

»Sie wollten den Ring einfach nur verkaufen? Meinen Ring?«, fragt Herr Hansen entgeistert.

Der Dieb nickt.

»Ich dachte, der Ring hätte Sie mit seiner Schönheit verzaubert«, murmelt Herr Hansen.

In diesem Augenblick hämmert jemand gegen die Ladentür. Zu hören ist die Stimme von Deniz' Mutter: »Hallo?! Herr Hansen! Ich suche meinen Sohn.«

Kaum ist die Tür aufgesperrt, stürmt sie in den Laden.

»Da bist du ja!«, ruft Melek und presst Deniz in ihre

Arme. Unter ihren Küssen und Fragen schwindet sein Coolnessfaktor gegen null. Deniz schüttelt sich frei.

»Anne, lass das!«, sagt er genervt.

»Frau Mützel hat angerufen«, erzählt Melek. »Sie hat von eurer Krankheit berichtet. Magenvergiftung. Seltsames Verschwinden vom Schulhof. Was ist los?«

»Wir haben keine Magenvergiftung«, grinst Deniz. »Aber Hunger.«

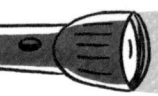

28. Das Geständnis

Melek hängt ein großes Schild an das Fenster ihres kleinen Restaurants: »Geschlossene Gesellschaft«. Währenddessen rufen die anderen vier Kinder ihre Eltern an, um sie zu beruhigen.

»Alles in Ordnung«, erklärt Jona seinem Vater zum hundertsten Mal. »Ja, ich komm bald nach Hause. Ja, ich erzähl euch dann alles ganz genau. Nein, du musst dir keine Sorgen machen, ich bin gesund.« Dann legt Jona einfach auf und gibt Deniz sein Handy zurück.

Melek richtet Teller mit Baklava und Pistazien her und setzt frischen Tee auf, während die Kinder die Tische zusammenschieben und weitere Stühle raustragen. Nur Laura hilft nicht. Sie weicht keinen Zentimeter von dem Handydieb. Endlich haben alle Platz genommen – der Handydieb sitzt eingeklemmt zwischen Herrn Hansen und Laura – und Herr Hansen sagt wieder auffordernd: »Nu?«

Dem Dieb ist es sichtlich unangenehm, dass seine Zuhörerschaft noch größer geworden ist, und er will die Sache möglichst rasch hinter sich bringen. Aber die Geschichte scheint kompliziert zu sein, und er weiß nicht so recht, wie er anfangen soll. Schließlich erzählt er stockend: »Ich hatte einen Auftrag hier in der Nähe. Dann habe ich den Ring im Schaufenster entdeckt. Ich wollte ihn Miray schenken, weil sie Schmuck liebt. Ich bin rein in den Laden. Der Ring war noch schöner, als ich dachte. Aber natürlich viel zu teuer.«

»Sie wollten klauen, um zu verschenken?«, fragt Herr Hansen entrüstet.

»Nein«, antwortet der Dieb, »wirklich nicht, bitte glauben Sie mir. Doch dann kam DIE Gelegenheit. Einfach so. Ich hatte den Ring am Finger, dachte plötzlich an Gloria und stürmte mit den Schmuckdieben aus dem Geschäft.«

»Oha!«, ruft Deniz. »Erst Miray, dann Gloria!«

»Nicht schlecht!«, lacht auch Max.

Der Dieb schüttelt irritiert den Kopf und murmelt mehr zu sich selbst: »Gloria braucht die OP. Aber wer soll diese verdammte OP bezahlen? Die kostet mindestens tausend Euro. Das kann sich Miray nicht leisten. Aber sie kann die arme Gloria ja auch nicht immer nur in einem Korb mit sich rumschleppen.«

»Der Hund!«, ruft Jona auf einmal und kichert. »Gloria ist der kleine Hund, der am Plötzensee hinten auf einem Fahrrad in einer Holzkiste hockte.«

»Also wollte ich den Ring verkaufen«, fährt der Dieb fort, ohne auf die Kinder zu achten, die jetzt alle fünf lachen. »Aber der eine Händler hat mir einen viel zu schlechten Preis geboten und der andere hat unangenehme Fragen gestellt. Woher ich den Ring hab und so. Da bekam ich Angst. Trotzdem habe ich weiter nach einem guten Geschäft gesucht. Unauffällig sollte es sein, aber teuren Schmuck verkaufen. Genau vor dem perfekten Laden habe ich gemerkt, dass ich beobachtet werde.«

Der Dieb deutet mit dem Kinn zu Jona und Irina. Die beiden schlagen grinsend ihre Handflächen gegeneinander. Check!

»Und das Handy?«, fragt Laura. »Verdammt noch mal, warum haben Sie mein Handy geklaut?!«

»Das musste weg«, antwortet der Dieb. »Du hast mich fotografiert. Du hast Beweisfotos von mir gemacht.«

»Ich?«, fragt Laura verwirrt. »Hab ich doch gar nicht. Ich wusste noch nicht mal, dass da drüben eingebrochen wurde. Erst als Deniz und Jona es erzählt haben.«

Der Dieb starrt Laura mit offenem Mund an.

»Du hast keine Fotos von mir gemacht?«

Laura schüttelt den Kopf. »Warum sollte ich?«, fragt sie. »Ich habe schönere Modelle!«

Sie grinst zu Deniz, der rot wird.

Und da fällt es Jona ein: »Der Turnschuh«, ruft er und fängt an zu lachen.

»Der Turnschuh!« – »Marke Blitz!« – »Der am Bildrand.« – »Der grüne Turnschuh«, rufen die Kinder durcheinander und bekommen einen solchen Lachflash, dass Tränen fließen und Baklava-Brösel über den Tisch fliegen. Die drei Erwachsenen schauen verständnislos von einem zum anderen und verstehen nur Bahnhof.

»Und dann haben Sie mich bis zur Schule verfolgt und in der Mittagspause mein Handy geklaut«, japst Laura und ringt nach Luft.

»Aber warum haben Sie es auf dem Ausflugsdampfer zwischen Tauen verbuddelt?«

»Ich? Zwischen Tauen verbuddelt?«

»Nicht Sie«, grinst Deniz, »das Handy. Wie kam das Handy aufs Schiff?«

Jetzt sperrt der Dieb nicht nur den Mund auf, sondern macht auch noch tellergroße Augen.

»Ich ... ich ...«, stammelt er, »ich habe es von der Hansabrücke geworfen. Alle Beweise mussten verschwinden. Ich ...«

Laura ist aufgesprungen und lehnt sich brüllend über den Mann: »SIE WOLLTEN MEIN HANDY IN DIE SPREE WERFEN?!«

Der Mann nickt kaum merklich. Deniz zieht Laura auf ihren Stuhl zurück, bevor sie auf den Mann losgeht.

»Halt. Stopp!«, ruft Herr Hansen. »Keine Prügelei. Wir können immer noch die Polizei rufen. Es sind ja doch so einige höchst kriminelle Taten zusammengekommen.«

»Nein«, jammert der Dieb.

»Bestraft werden muss er auf jeden Fall«, sagt Max.

»Ich hab da so 'ne Idee«, meint Deniz. »Der Typ baut in das Geschäft von Herrn Hansen eine Überwachungskamera. Aber eine, die richtig funktioniert. So was können Sie doch, oder? Sie sind doch angeblich Elektromonteur?!«

»Natürlich kann ich das«, antwortet der Dieb und klingt etwas beleidigt. »Schnell und günstig.«

»Megaschnell und gratis«, korrigiert ihn Deniz. »Einverstanden, Herr Hansen?«

Herr Hansen lacht: »Einverstanden!«, und streckt dem Dieb seine Hand entgegen. Der Dieb schlägt ein, der Deal ist besiegelt.

»Franz, was machst du da?«, gellt in diesem Augenblick die Stimme einer Frau. Die Frau bremst scharf, nimmt einen Korb vom Fahrrad und lässt das Rad mitten auf dem Gehweg stehen.

»Ich habe dich überall gesucht. Und du, du sitzt da und …«

Franz springt auf und umarmt die Frau: »Miray!«

Miray schüttelt sich frei, stellt den Korb mit dem Hund auf den Tisch und verschränkt ihre Arme: »Hallo?! Kannst du bitte erst einmal erklären, was das alles soll?«

»Recht hat sie«, sagt Deniz und fährt superernst fort: »Verehrte Dame, darf ich vorstellen: Franz, der Meisterdieb.«

Dann erzählen die Kinder wild durchein-

ander die ganze Geschichte vom Ringdiebstahl und vom geklauten Handy. Nur Irina beteiligt sich nicht. Sie krault den Hund zwischen seinen hoch aufgerichteten Ohren, in die sie Liebkosungen auf Russisch flüstert. Der Hund schleckt begeistert ihre freie Hand und wedelt, so gut es geht, im engen Korb. Miray will erst kein Wort glauben und denkt, die Kinder spielen einen bösen Streich mit ihr. Aber Franz ist kreidebleich und zieht die Schultern hoch. Er steht steif und stumm da wie ein begossener Pudel, der genau weiß, warum immer mehr kaltes Wasser über ihn ausgeschüttet wird.

»Ich kann dir alles erklären«, stammelt Franz.

»Nicht nötig«, antwortet Miray, packt den geflochtenen Korb rasch wieder in die Kiste auf ihrem Gepäckträger, schwingt sich aufs Fahrrad und radelt los in einem Affenzahn. Franz rennt hinter ihr her und immer weiter, obwohl er keine Chance hat, sie einzuholen.

»Strafe muss sein«, grinsen die Kinder und futtern die letzten Pistazien weg.

»Der ist so süß«, sagt Irina. »Ist bestimmt ein Terrier. Einen ähnlichen hat meine Oma in Sankt Petersburg.«

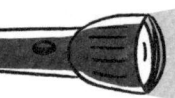

29. Eine wichtige Entdeckung und ein verlorenes Basecap

Herr Hansen klopft mit dem Löffelchen gegen das Teeglas, steht auf, räuspert sich und setzt an zu einer langen Rede.

»Ich danke euch«, sagt er. »Ihr seid die mutigsten und schlausten Kinder, die es gibt.«

Herr Hansen lächelt allen zu, auch Melek, und setzt sich wieder hin. Seine große Rede ist offensichtlich schon vorbei. Jona weiß nicht so recht, ob er jetzt stolz oder enttäuscht sein soll.

»Auch die Idee mit der Überwachungskamera ist großartig«, fährt Herr Hansen schließlich fort, weil alle ihn immer noch erwartungsvoll anschauen. »Nur ist es leider zu spät. Die haben zu viel geklaut. Wie soll ich jetzt die Ladenmiete bezahlen? Hätte meine Kamera anständig aufgezeichnet, hätte ich Beweise für die Versicherung, und die Polizei könnte vielleicht helfen. Aber so …«

Herr Hansens Stimme wird immer leiser. Die Kinder schauen vor sich hin auf die Tische und die beiden leer gefutterten Teller. Jona spielt mit ein paar Pistazienschalen

158

und drückt sich ihre scharfen Kanten extra fest in den eigenen Daumenballen. So fest, dass es wehtut.

»Sauer waren die auf mich, weil ihnen die Diamantenbande schon wieder durch die Lappen ging«, brummt Herr Hansen, steht auf und verabschiedet sich. Er ist erschöpft und braucht nach der ganzen Aufregung seinen Mittagsschlaf.

»Tschüss, Herr Hansen«, rufen ihm die Kinder hinterher.

»Bis bald«, ergänzt Deniz, aber mehr fällt selbst ihm nicht ein, obwohl er sonst doch immer so viele Ideen hat. Auch Melek steht auf, räumt die Gläser und Teller zusammen und bringt sie rein.

»Überwachungskamera?«, sagt Laura nachdenklich. Dann lacht sie: »Ich glaub, da war doch eine, die funktioniert hat.«

»Wie? Was?«, fragen die anderen.

»Da war ein Auto, das hat so genervt. Das fuhr mitten durchs Bild. Habt ihr nicht gesagt, das Fluchtauto war weiß?«

Jona und Deniz nickten. Laura tippt und schiebt auf ihrem Handy rum.

»Natürlich habe ich die Bilder gelöscht. Aber bis die ganz verschwinden, dauert es ja ein paar Tage.«

»Ha!«, ruft sie. »Schaut mal.«

Alle fünf Köpfe beugen sich über Lauras Handy. Man sieht einen weißen Audi vor dem Imbiss durchfahren und vorne drin ganz verwackelt und unscharf zwei Menschen. Laura vergrößert den Bildausschnitt: Es sind ein Mann und eine Frau. Die Frau hat etwas Rotes auf dem Schoß, es könnte eine Handtasche sein.

»Hilft nicht wirklich weiter«, meint Max.

»Geduld, Geduld«, antwortet Laura und öffnet ein zweites Bild. Der Audi von hinten. Alle fünf Köpfe beugen sich tiefer, das Nummernschild lässt sich tatsächlich entziffern! Jonas Kopf steckt zwischen dem von Irina und Deniz. Irinas Haare kitzeln ihn wieder an der Nase, wie schon mal vor gar nicht allzu langer Zeit im Park auf der Bank. Sie riecht toll nach Sommer und nach … nach Irina. Jona lächelt. Aber irgendetwas irritiert ihn dennoch. Es hat nichts mit Irina zu tun, sondern mit Deniz. Dessen Haare kitzeln ihn auch. Das kann doch gar nicht sein. Da ist doch …

»Deniz«, ruft Jona, »dein Basecap. Wo ist es?«

Deniz tastet nach seinem Kopf und springt auf. Er rast um den Tisch, kriecht darunter, rennt in den Laden, fragt seine Mutter, kommt wieder rausgestürmt.

»Ich muss zurück!«, ruft er.

»Ich begleite dich«, sagt Max und auch Jona springt auf. Zu dritt laufen sie zurück zum Juwelier Hansen und scannen dabei jeden Quadratzentimeter Gehweg und Straße. Deniz schaut unter jedes parkende Auto und wechselt immer wieder die Straßenseite. Vielleicht ist das

Basecap weggeflogen? Vor dem Juweliergeschäft steht das *MoMo*-Rad mit offener Plane.

»Der rennt immer noch hinter seiner Miray her«, sagt Max und kann sich ein Lachen nicht verkneifen. Vergeblich durchsuchen sie den Anhänger. Dann schließt Jona sorgsam alle Druckknöpfe der Plane. Dieser Franz ist zwar ein mieser Dieb, aber er kriegt seine Strafe ja jetzt schon ab, es soll ihm nicht auch noch alles offen daliegende Werkzeug geklaut werden.

Max und Deniz klopfen Herrn Hansen aus seinem Geschäft. Er öffnet gähnend und ist blass. Auch im Laden keine Spur von einem Käppi. Max, Deniz und Jona durchsuchen alle Winkel. Deniz leuchtet mit seiner Taschenlampe sogar unter den Verkaufstresen, obwohl der Spalt so schmal ist, dass da niemals ein Basecap reinpassen würde. Staub liegt hier unten und eine Visitenkarte. Mit langen Fingern zieht Jona das Kärtchen unter dem Tresen hervor. »Sommerfeld – Eine Werkstatt für alle Automarken« steht drauf mitsamt einer Adresse und auf der Rückseite ist handschriftlich »Ölwechsel« und ein Termin hingekritzelt.

»Vermissen Sie die?«, fragt Jona. Herr Hansen blickt kurz auf das weiße Kärtchen und zuckt mit den Schultern: »Ich hab kein Auto.«

Dann gähnt er schon wieder, während Jona sich die Visitenkarte in die Hosentasche steckt.

»Zwecklos«, sagt Deniz. »Also zurück zum Waschsalon.«

Max schnappt Deniz' Fahrrad und Jona schiebt sein eigenes, während Deniz wieder die Straße hin und her rennt und in jeden Hauseingang und jeden Mülleimer schaut.

»Füttere mich«, steht auf einem der orangen Mülleimer, dessen Inneres Deniz vergeblich mit seiner Taschenlampe ausleuchtet. Deniz gibt dem Eimer einen heftigen Tritt, als ob der schuld wäre und das Basecap höchstpersönlich verschluckt und verdaut hätte. Vor dem Waschsalon wartet immer noch Max' Fahrrad. Was für ein Glück, denn abgesperrt war es nicht und in Berlin verschwinden Fahrräder im Sekundentakt.

Aber wer klaut ein Käppi, auf das Deniz geschrieben ist? Das macht doch keinen Sinn. Auch im Waschsalon finden die Jungs das Basecap nicht. In keiner der Wäschetrommeln, in keinem Trockner, unter keiner Bank, an keinem Kleiderhaken.

»Es ist von deinem Papa«, sagt Max.

Deniz nickt. Tränen rollen über sein Gesicht und Max schließt ihn tröstend in die Arme. Jona fühlt sich ausgeschlossen wie noch nie und steht blöd rum in dem Waschsalon. Natürlich weiß Max längst, dass Deniz' Vater

Füttere mich

gestorben ist. Natürlich sind die beiden beste Freunde. Schon immer. Und als Jona neu zur Schule kam, haben Max und Deniz zusammen Witze über ihn gemacht. Und zusammen über jeden einzelnen dieser doofen Witze fies gelacht. Da öffnet Max seinen einen Arm und zieht auch Jona mit dazu: »Komm schon, Bro.«

Und so stehen sie zu dritt als großes Umarmungsknäuel mitten im Waschsalon.

»Baba konnte Fische mit den eigenen Händen fangen, ganz ohne Angelschnur«, erzählt Deniz und fängt an, so richtig zu heulen. Ist ja wohl klar, denn wer hat schon einen Vater, der Fische mit bloßen Händen fängt?

Natürlich geht Deniz nicht ran, als sein Handy klingelt. Beim zweiten Anruf schnieft er noch einmal kräftig und wischt sich mit den Handrücken die Tränen aus dem Gesicht. Erst beim dritten schaut er nach, wer da so nervt. Laura!

»Kommt ihr endlich?«, ruft Laura ins Telefon. »Wir müssen zur Polizei.«

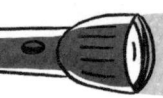

30. Auf der Polizeiwache

Die Wände des kleinen Wartezimmers sind voll mit Postern, die vor Taschendieben auf großen Plätzen und in öffentlichen Verkehrsmitteln warnen und vor Trickdieben, die als verkleidete Polizisten und Polizistinnen leicht Zugang finden zu Privatwohnungen. Max entdeckt sogar einen Aushang über die Berliner Diamantenbande und liest vor:

»Die Polizei geht davon aus, dass die geraubten Schmuckstücke in kleine Päckchen verpackt per Post an verschiedene Adressen im Ausland verschickt werden. Für Hinweise, die zu einer Identifizierung der Täter führen, ist eine Belohnung von 1.000 Euro ausgeschrieben.«

»Ey, dann wird der Schmuck von Herrn Hansen vielleicht gerade jetzt irgendwohin in die Welt vertickt«, stöhnt Deniz.

Er springt von der Bank auf und tigert nervös hin und her. Die Kinder zucken zusammen, als eine Lautsprecherstimme plötzlich durch die Wand schallt. Ihre Wartenummer wird aufgerufen und die Nummer des Büros, zu dem sie jetzt müssen.

»Ihr seid so viele?«, fragt die Beamtin irritiert. Sie erhebt sich von ihrem Drehstuhl und beugt sich nahe an das Glasfenster, um die Kinder dahinter zu beäugen. Ihr Büroraum ist winzig, an der Wand über dem Schreibtisch hängt eine runde Uhr mit großen Zeigern. »Was ist denn passiert?«

»Wir sind hier wegen der Diamantenbande und wegen Herrn Hansen. Bei dem ist nämlich eingebrochen worden. Wir haben eine superheiße Spur«, sprudelt Deniz los.

»So, so«, meint die Beamtin. »Da seid ihr nicht die Ersten.«

»Aber wir haben das Kennzeichen des Täterautos«, sagt Laura und zückt ihr Handy.

»So, so«, macht die Beamtin wieder. Sie schielt erst zum Foto auf Lauras Handy und dann zur Uhr hinter sich. »Immer kurz vor meinem Feierabend«, brummt sie, während sie ein Formular aus einer Schublade fischt.

»Wen soll ich als Zeugen aufnehmen?«

»Mich. Ich heiße Laura Ogbonnaya.«

»O nein«, stöhnt die Beamtin. »Kann nicht jemand anders seinen Namen angeben?«

»Ich habe das Foto gemacht«, stößt Laura wütend hervor.

»Dann schreib deinen Namen hierhin«, befiehlt die Beamtin und schiebt das Formular durch den Schlitz unter dem Sprechfenster.

In ihrer schönsten Schrift füllt Laura den Zettel aus, notiert ihren Namen, die Adresse und Telefonnummer. Dann erzählen Laura und Deniz durcheinander, was passiert ist. Die Beamtin macht sich Notizen, während sie immer wieder ihr berühmtes »Soso« murmelt und die Kinder mit gerunzelter Stirn und zweifelnden Blicken betrachtet.

»Ich leite eure Angaben morgen an die zuständige Abteilung weiter, die werden in den nächsten Tagen alles überprüfen. Wenn sie weitere Fragen haben, melden sie sich bei dir.«

»In den nächsten Tagen?«, ruft Deniz erschrocken. »Aber dann ist der Schmuck vielleicht schon verschickt.«

Die Beamtin lacht trocken auf: »Wir haben hier auch sonst so einiges liegen. Und jetzt ab mit euch.«

Die Fünf stolpern aus dem Polizeigebäude. Draußen ist es immer noch warm und schwül.

»Sollen wir jetzt echt warten, bis der ganze Schmuck verschickt ist?«, fragt Deniz und kickt gegen einen Stein, der auf die Straße rollt. »*Die zuständige Abteilung wird in den nächsten Tagen alles überprüfen*«, ahmt Deniz die Stimme der Beamtin so perfekt nach, dass die Kinder lachen müssen.

»Vielleicht beschatten wir die Postämter in der Umgebung?«, fragt Max.

»Klar doch«, grinst Laura. »Wir trommeln noch ein paar andere Kinder zusammen und besetzen alle Postämter der Stadt.«

»Dann mach doch einen besseren Vorschlag!«, sagt Max.
Aber natürlich hat auch Laura keine Idee.

»Ich muss nach Hause«, sagt Jona. »Meine Eltern drehen
sonst noch total durch.«

Er kramt in der Hosentasche nach seinem Schlüssel fürs
Fahrrad und erwischt die Visitenkarte.

»Ey«, sagt Jona. »Vielleicht ist die ja von denen? Die
lag da noch nicht lange unter dem
Tresen bei Herrn Hansen. Da war
nicht viel Staub auf der Karte.«

»Çüş!«, sagt Deniz und nimmt
Jona die Karte aus der Hand.

Jona lächelt stolz.

»O nee, Deniz«, sagt Max und verdreht die Augen.
»Kommt jetzt wieder die Nummer mit Jona, dem Detek-
tivsuperhirn? Das checkt doch jeder, wenn da kein Staub
drauf ist.«

»Was steht überhaupt auf der Karte?«, fragt Irina.

»27. Juni, 8.30 Uhr, Ölwechsel«, liest Deniz vor.

»Das ist morgen«, sagt Irina. »Gleich in der ersten Stunde
haben wir unser Referat.«

»O, Mist«, stöhnt Laura. »Ich muss meinen Teil noch
üben.«

Deniz dreht die Visitenkarte um. »*Werkstatt Sommerfeld*«, liest er vor. »*Eine Werkstatt für alle Automarken.*«

»Also auch für Audis«, ergänzt Max und klopft Deniz

auf den Rücken. »Und? Kippst du jetzt auch um vor Bewunderung?«

»Ist ja gut, ey«, stöhnt Deniz.

Max ist voll eifersüchtig, denkt Jona und grinst.

»Ey, Bro«, sagt er und boxt Max in die Seite. Aber Max reagiert nicht.

»Also, ab zum Westhafen morgen früh«, sagt Deniz. »Wer ist dabei?«

»Leider ohne uns«, sagt Laura. »Wir sind bei Merkur, Jupiter und Venus und wie die da oben alle heißen.«

»Und ich darf in der Schule keinen Ärger mehr kriegen«, sagt Max.

Jona schnaubt hörbar und verdreht die Augen: »Typisch!«

Max grinst und boxt Jona. »Reingelegt! Meinst du, ich lass dich wieder alleine mit Deniz losziehen? Dann denkst du am Schluss noch, ich hätte den Laden von Herrn Hansen ausgeraubt.«

»Quatsch«, sagt Jona.

Aber er ist verlegen und spürt, wie sein Gesicht rot wird. Zum Glück gehen die anderen nicht weiter drauf ein. Der große Einsatz muss geplant werden!

»Treffpunkt U-Bahnhof Turmstraße. Gleich um acht. Statt Schule«, schlägt Deniz vor.

»Passt auf euch auf«, sagt Irina leise. »Die ist echt gefährlich, die Diamantenbande.«

Sie lächelt Jona zu und Jona lächelt zurück.

31. Deniz wird geschnappt

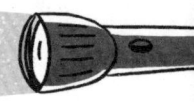

»Tschüss, Paps«, ruft Jona beim Rausgehen fröhlich und fühlt sich elend dabei. So krass hat er seine Eltern noch nie angelogen. Sie denken, er radelt ganz normal zur Schule, stattdessen biegt er vorne an der Ecke einfach links ab. Er schaut kurz zurück in die Zwinglistraße. Sein Vater steht natürlich nicht auf dem Balkon, um zu winken. Das macht er zum Glück schon lange nicht mehr. Und Sergej und Mama sind sowieso längst aus dem Haus. Deniz und Max warten bei der U-Bahn und begrüßen Jona mit einem lauten Klingelkonzert. Los geht's! Der Fahrtwind pustet alles weg, sogar die Angst vor den Schmuckräubern. Jona nimmt die Füße von den Pedalen und streckt die Beine in die Luft, während sein Rad weitersaust. Yeah!

Die Westhafenstraße ist schmal und gesäumt von Schuppen und Lagerhallen. Hausnummern sind schwierig zu finden. Ein weißes Auto überholt die Jungen und streift sie fast.

»Ey, geht's noch?«, schimpft Max.

»Ein Audi!«, ruft Deniz.

Da bremst das Auto auch schon ab und kurvt auf einen Parkplatz. Deniz düst hinterher, dem weißen Audi dicht auf der Spur, und kehrt dann rasch wieder zurück zu seinen beiden Freunden. Jona und Max sind mittlerweile auch beim Parkplatz angekommen und mustern das Gelände. Weiter hinten liegt tatsächlich eine Autowerkstatt.

»Es stimmt«, strahlt Deniz. »Kennzeichen B-EG 4089!«

Die drei schlagen ihre Hände gegeneinander und sind trotzdem ratlos. Was nun? Wie lange dauert so ein Ölwechsel? Und dann? Natürlich dürfen sie das Auto nicht wieder aus dem Blick verlieren. Aber ein Auto ist kein Fahrrad mit Anhänger, und sie werden mit ihren Rädern keine Chance haben, es zu verfolgen.

Eine Frau und ein Mann steigen aus dem Auto und gehen zur Werkstatt.

»Das sind sie bestimmt«, flüstert Jona, obwohl die beiden weit weg sind und ihn ohnehin nicht hören könnten.

»Vielleicht sind in dem Auto die Päckchen mit dem Schmuck«, überlegt Max. »Vielleicht fahren sie nachher zur Post.«

»Dann ist es zu spät«, sagt Deniz. »Wir müssen das Auto untersuchen.«

»Auf keinen Fall!«, warnt Jona. »Viel zu gefährlich.«

Ein Handwerker im blauen, schwarz verschmierten

Overall kommt mit dem Paar zurück und lässt sich die Motorhaube öffnen. Er verschwindet unter der Motorhaube und fummelt an etwas rum. Dann kriecht er halb unters Auto, während der Mann und die Frau zurück zur Werkstatt schlendern.

»Unsere Chance«, sagt Deniz.

»Viel zu gefährlich«, wiederholt Jona.

»Ich behaupte einfach, ich bin der Sohn von denen, und ihr steht Wache und warnt mich, wenn die rauskommen. Doppelpfiff. Du weißt schon, Max.«

Stur wie immer, denkt Jona. Es hat keinen Sinn, Deniz zu bremsen, der will das Ding jetzt durchziehen, egal, was passiert. Also gehen Max und Jona auf ihren Wachposten vor dem Schaufenster der Werkstatt. Der Mann und die Frau sind nicht zu sehen, wahrscheinlich sind sie nach hinten verschwunden. Dorthin, wo ein Colaautomat und ein paar Sessel stehen und wo es zu den Klos geht. Deniz wartet, bis der Mechaniker wieder unter dem Auto hervorgekrochen ist. Dann schlendert er scheinbar seelenruhig auf ihn zu, tippt ihm kurz auf die Schulter und klettert tatsächlich auf die Vordersitze des weißen Audis. Wahrscheinlich durchwühlt er jetzt das Handschuhfach vorne am Beifahrersitz.

»Scheiße«, sagt Max und wischt sich den Schweiß von der Stirn. »Das ist viel zu gefährlich.«

Auch Jona ist nervös und spielt mit der Segelschnur in seiner Hosentasche. Damit lässt sich zwar ein schnarchender Elektriker fesseln. Aber bei zwei hellwachen, mit Messern bewaffneten Gaunern wird die Schnur auch nichts helfen. Deniz krabbelt wieder aus dem Auto, öffnet wie selbstverständlich den Deckel zum Kofferraum und springt erschrocken drei Schritte zurück.

Boah!, formen seine Lippen und die weit aufgerissenen Augen. Auch mit seinen Händen und Armen und einem heftigen Nicken erzählt Deniz den Freunden pantomimisch von seiner Entdeckung. Der Kofferraum muss voll sein mit Päckchen oder Ähnlichem. Und schon verschwindet Deniz wieder unter der Kofferraumklappe.

»Bestimmt steckt er einige der Päckchen als Beweismittel ein«, flüstert Max.

»Yup«, sagt Jona. »Da sind doch die Adressen drauf. Vielleicht sind wir einem ganzen Verbrecherring auf der Spur.«

»Ganz schön aufregend«, flüstert Max und achtet nicht mehr auf die große Glastür zur Werkstatt. Auch Jona erschrickt fürchterlich über die Schritte und Stimmen, die plötzlich zu hören sind – direkt neben ihm.

»Hoffentlich sind die bald so weit«, sagt die Frau, »die Sachen müssen vor elf Uhr raus.«

Gellend ertönt Max' Pfiff und gleich noch ein zweiter. Aber Deniz reagiert nicht, er bleibt wie gebannt über den Kofferraum gebeugt. Hat er die Pfiffe nicht gehört, oder was? Die Frau schaut sich irritiert nach Max um, dem immer noch vier Finger zwischen den Lippen stecken. Der

172

Mann ist in zwei Sprüngen bei Deniz, packt ihn im Nacken und schiebt ihn grob ins Auto. Deniz ist so überrumpelt, dass er sich kaum wehrt.

Jona nimmt Max an der Hand und gemeinsam rennen sie zum Auto.

»Das … das ist unser Freund«, stammelt Max. »Lassen Sie ihn raus.«

»Ab mit euch zur Schule, wo ihr hingehört«, antwortet der Mann und schiebt Max grob zur Seite.

»Sie müssen uns helfen«, wendet sich Jona verzweifelt an den Mechaniker. »Unser Freund wird gerade entführt.«

Aber der Mechaniker zuckt nur mit den Schultern und lacht: »Was wollt ihr? Dit ist ihr Sohn!«

Der Schmuckräuber steigt ins Auto. KLICK. Alle Türen sind von innen verriegelt. Der Mann beugt sich nach hinten und redet leise auf Deniz ein, der verängstigt auf der Rückbank kauert und sich immer kleiner macht. Er hämmert nicht gegen das Fenster, schreit nicht um Hilfe und wirft sich nicht gegen die verschlossene Tür. Ob ihn der Mann bedroht? Bestimmt mit einem versteckten Messer.

»Lassen Sie ihn raus!«, fordern Max und Jona gleichzeitig von der Frau.

Aber die wendet sich nur lachend an den Mechaniker: »Ja, so sind sie, die Kinder.« Dann fügt sie hinzu: »Feine Arbeit. Danke. Da haben Sie sich ein gutes Trinkgeld verdient. Soll ich drinnen bezahlen?«

Der Mechaniker nickt erfreut, schlägt die Motorhaube zu und wischt sich die Hände am Overall sauber. Zu den beiden Jungs sagt er: »Und jetzt ab mit euch. Das hier ist ein Arbeitsgelände und kein Spielplatz. Verstanden?«

»Aber …«, sagen Jona und Max wieder gleichzeitig.

»Wird's bald oder muss ich die Polizei rufen?«

Genau in diesem Augenblick ertönen Polizeisirenen. Drei Autos kommen mit blinkenden Blaulichtern angefahren, Polizisten springen aus den Wagen. Sie tragen kugelsichere Westen und sind bewaffnet. Zwei der Polizisten, ein Mann und eine Frau, halten ihre Pistolen sogar mit ausgestreckten Armen vor sich und sichern das Gelände.

»Alle stehen bleiben!«, rufen die Polizisten. Sie rennen auf den Audi zu, dessen Motor plötzlich laut aufheult. Das Auto setzt ein Stück zurück und rast dann am Mechaniker vorbei in einem großen Bogen über den Parkplatz. Jetzt nähert es sich dem Tor, dessen zwei offene Flügel sich langsam aufeinander zubewegen. O nein, gleich wird's krachen!

Jona schließt die Augen, hört quietschende Bremsen, einen lauten Knall und das Kreischen von Metall gegen Metall. Dann herrscht Stille. Vorsichtig öffnet Jona die Augen wieder. Der Audi steckt mit der Front fest zwischen den beiden Torhälften, er ist gefangen wie eine Maus in einer Mausefalle.

Jona und Max rennen sofort hin. Sie helfen ihrem zitternden Freund aus dem Auto, nehmen ihn in ihre Mitte und gehen ein paar Schritte zur Seite. Um den Fahrer kümmert sich die Polizei. Weil sich die eingequetschten vorderen Türen nicht mehr öffnen lassen, muss der Mann über die Rückbank aus dem Auto krabbeln.

»Hände hoch!«

Drei Polizisten drücken den Mann gegen das Auto, durchsuchen seine Hosentaschen, ziehen ein Klappmesser hervor und klicken Handschellen über seine Handgelenke.

»Die Frau!«, ruft Max plötzlich. Sofort sputen Polizisten hinter der Fliehenden her und erwischen sie gerade noch.

Eine Polizistin führt die drei Jungs in die Werkstatt nach hinten zu den Sesseln. Die Luft hier drinnen ist schön runtergekühlt. Trotzdem fließt Jona der Schweiß wie Wasser übers Gesicht.

»Das war unheimlich«, sagt Deniz. »Genau vor uns ging das Tor zu.«

»So werden Kunden gestoppt, die abhauen wollen, ohne zu bezahlen. Den Mechanismus hat vermutlich der Mechaniker ausgelöst«, erklärt die Polizistin. »Hätte aber auch schiefgehen können. Wir haben alle Glück gehabt und ihr braucht jetzt bestimmt Nervennahrung.« Die Polizistin zieht Getränke am Automaten und Schokolade und fordert die drei auf: »Jetzt erzählt mal, was los war.«

»Erst muss ich pinkeln«, sagt Max.

»Ich auch«, sagt Deniz.

»Aber so was von dringend«, ergänzt Jona.

32. Überraschung am Plötzensee

Am Wochenende verbringen die fünf Kinder einen ganzen Tag am Plötzensee. Sie rennen zum Sprungturm und springen mit wilden Schreien und verrückten Formationen ins Wasser. Laura schraubt sich durch die Luft, Irina kann Salto und Max ist der absolute Arschbomben-König. Das Wasser spritzt bei ihm hoch bis fast zum Dreimeterbrett. Hinterher legen sie ihre bunten Badetücher nebeneinander in einen Halbkreis im Schatten einer großen Weide und packen das Picknick aus. Es gibt leckere Köfte, süße und salzige Bliny, Nudelsalat, Chips, Datteln und Baklava, Simit und Hummus, Obststücke und eine ganze Wassermelone.

»Achtung!«, ruft Deniz, klappt sein Taschenmesser auf und lässt die Melone mit einem scharfen Schnitt in zwei saftige Hälften krachen.

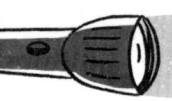

»Boah, die hatten sooo ein Messer bei sich«, erzählt Max kauend und formt mit den Händen ein riesiges Messer in der Luft. »Und die Frau haben sie nur dank mir geschnappt.«

»Oder dank uns?«, fragt Laura ironisch. »Ohne uns nix Polizei.«

Dann erzählen die beiden Mädchen noch einmal, was sie erlebt haben an dem großen Tag, als die Diamantenbande geschnappt wurde.

»Wir haben euch doch nicht allein gelassen«, lacht Irina. »Gleich in der ersten Pause haben wir die Polizei angerufen und behauptet, dass gerade ein Überfall auf drei Jungs stattfindet. In der Westhafenstraße. Das Auto der Täter konnten wir natürlich beschreiben mitsamt Autonummer.«

»Das habt ihr einfach so behauptet?«, fragt Deniz.

»Du bist eben nicht der einzige Schauspieler. Außerdem stimmte unsere Geschichte ja!«, grinst Laura und fährt fort: »Irina hat wie hysterisch ins Telefon geschrien, zwischendurch auch auf Russisch. Sogar ich habe geglaubt, dass ein Freund von ihr direkt vor ihren Augen mit einer Pistole bedroht wird. Mindestens.«

»Die Polizei kam gerade noch rechtzeitig«, sagt Deniz. »Wer weiß, was die mit mir gemacht hätten. Gerade nett war der Typ nicht, hat die ganze Zeit von seinem Messer geschwafelt und dass sie mich wegschaffen. Vallah, ich hatte so Angst. Und dann ging dieses Tor genau vor unserer Nase zu. Lustig war das nicht.« Deniz schüttelt sich. »Aber geheult habe ich nicht. Geweint hat nur Herr Hansen. Vor Freude.«

Deniz grinst. »Jetzt müssen sie nur noch überprüfen, welche Schmuckstücke tatsächlich ihm gehören.«

»Ich habe eine Überraschung«, platzt Laura in die Runde.

»Was denn?«

»Erzähl schon!«

»Wir kriegen die Belohnung!«, ruft Laura. »Die haben mich gestern angerufen.«

»Wow!« und »Çüş!«, »Oha!«, »Bam!« und »Krass!«, rufen alle durcheinander.

»Auf die Großstadtdetektive!«, sagt Deniz und die anderen stimmen mit ein: »Denn wir sind stark und schlau!«

Mampfend überlegen die Kinder, was sie mit der Belohnung anfangen sollen. Vielleicht einen gemeinsamen Campingurlaub? Nur sie zu fünft, ganz ohne Eltern?

»Wir könnten damit Glorias OP bezahlen«, sagt Irina schüchtern. »Die hat echt Schmerzen. Ich hab's gespürt.«

»Und Urlaub machen wir am Plötzensee. Ist doch auch cool hier«, unterstützt Jona ihren Vorschlag. Er kann sich noch genau erinnern, wie Gloria mit ihrer rosa Zunge Irinas ganze Hände abgeleckt hat und dass Irinas Oma weit weg in Russland einen ähnlichen Hund hat.

Die Kinder diskutieren noch eine Weile hin und her. Aber eigentlich stimmen sie mit Irina und Jona überein: Hier ist es cool und Gloria braucht die OP. Also soll Miray das Geld bekommen.

Irgendwann sind die Bäuche so rund und voll, dass

absolut nichts mehr reinpasst. Die Kinder lassen sich wohlig stöhnend nach hinten auf ihre Badetücher fallen. Nur Jona nicht. Der ist viel zu glücklich. Er muss unbedingt aufspringen und mit nackten Füßen durchs Wasser gehen, hin und her wandern und sich irgendwann hinsetzen, halb im Wasser, halb am Strand. Das Wasser plätschert in sanften Wellen über seine ausgestreckten Beine, in der Nähe bauen ein paar kleine Kinder einen Wasserkanal zu ihrem privaten Sandplanschbecken. Heute Abend ruf ich Sophie an, denkt Jona, sie soll mich bald in Berlin besuchen und meine neuen Freunde kennenlernen.

»Nicht ganz wie am Meer«, sagt Deniz plötzlich, setzt sich neben ihn und streckt auch die Beine ins Wasser. »Aber megaschön.«

»Deniz heißt Meer«, sagt Jona und lächelt ihm zu. »Weißt du eigentlich, warum ich Jona heiße?«

Deniz schüttelt den Kopf.

»Na, wie der Prophet aus der Bibel, der vom Wal gerettet wird. Mitten im Meer.«

»Du meinst Yunus!«, ruft Deniz und schlägt sich mit der Hand gegen die Stirn. »Deniz und Yunus. Das Meer und Jona. Fehlt nur der Wal.«

»Den macht Max mit seiner Wasserfontäne«, lacht Jona und zuckt zusammen. Denn genau in diesem Moment werden sie von den drei anderen mit kaltem Wasser überschüttet. Brrr!

179

»Ihr seid voll gemein! Wo habt ihr das her?«

»Na los«, antwortet Max statt einer Erklärung. »Wer zuerst beim Floß ist.«

Angeber, denkt Jona, lässt sich aber auf den Schwimmspurt ein, er ist ja kein Spielverderber.

Die Kinder stellen sich auf einer Linie auf und Max gibt das Startsignal: »Eins, zwei, drei.« Bei »Loooos!« rennen alle fünf kreischend und planschend ins Wasser. Max krault bald an Jona vorbei, aber der Abstand zwischen den beiden wird nicht wirklich größer. Mit Deniz gibt sich Jona einen erbitterten Zweikampf, bei dem immer mal der eine, mal der andere eine Nasenlänge weiter vorne ist. Jetzt hat Max die Leiter am Floß erreicht und will gerade hochklettern, da ertönt ein jubelnder Schrei: »Erste!«

Direkt vor ihnen steht Irina mit hochgereckten Armen auf dem Floß und strahlt. Die vier anderen klettern prustend zu ihr hinauf.

»Wer tiefer tauchen kann«, ruft Jona und schubst Irina wieder vom Floss. Er springt hinterher. Gemeinsam schwimmen Irina und Jona mit kräftigen Zügen Richtung Grund. Auch Irina kann die Augen unter Wasser weit offen halten. Sie entdeckt im Sand einen bunten Stein, den sie aufklaubt und Jona in die Hand drückt.

33. Arkadaşlar heißt Freunde

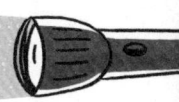

Max, Deniz, Irina und Jona warten in der langen Schlange vor der Moabiter Kiezhalle. Auch alle anderen sind gekommen, Herr Wandrak sogar mit Krawatte. Dicht neben ihm steht Frau Mützel. Die beiden neigen ihre Köpfe zueinander und haben offensichtlich viel zu besprechen. Jona deutet mit heimlichen Handzeichen nach hinten.

»Kein Wunder, dass der Wandrak immer alles weiß, was in unserer Klasse passiert«, flüstert Max. Die anderen nicken und grinsen.

Endlich öffnen sich die beiden großen Flügeltüren. Für Irina, Max, Deniz und Jona sind Plätze in der ersten Reihe reserviert. Auch die Reihen hinter ihnen füllen sich immer dichter. Jona entdeckt die Rabbinerin, die zwischen Melek und Sergej sitzt und ununterbrochen quatscht, sogar mit Leuten zwei Reihen weiter vor ihr. Die braucht tatsächlich kein Handy! Dann beugt sich die Rabbinerin zu Sergej und die beiden schlagen lachend ihre Fäuste gegeneinander. Ob sie wohl gerade vereinbart haben, dass Sergej bei ihr in der

Synagoge Oranienburger Straße seine Bar Mizwa haben wird?

Neben Sergej sitzen die Eltern und eine ältere Dame, mit der Papa in letzter Zeit manchmal Schach spielt und sich dabei über jiddische Lyrik unterhält. Und da kommen Miray, Gloria, Franz und Herr Hansen. Miray winkt den vier Kindern zu, dann streckt sie ihnen den linken Handrücken entgegen. An ihrem Ringfinger funkelt ein großer roter Klunker, ein richtig kitschiger Bling-bling-Glitzerstein! Definitiv kein Diamant.

»Von dem da«, ruft Miray, zieht Franz lachend zu sich heran und gibt ihm einen fetten Kuss auf den Mund. Gloria nutzt die Gelegenheit, reißt sich mitsamt Leine von ihr los und rennt heftig wedelnd auf Irina zu. Sie stützt ihre Vorderpfoten auf Irinas Knie und will ihr sogar das Gesicht lecken.

»Nee, eh, moy lyubimyy«, lacht Irina und packt sich Gloria auf den Schoß. Da bleibt sie während der ganzen Veranstaltung hocken und lässt sich von Irina kraulen und streicheln.

Der Bürgermeister geht ans Rednerpult, klopft gegen das Mikro, bittet um Ruhe und begrüßt das Publikum zur Präsentation der fünf besten Beiträge von »Moabit fotografiert«. Endlich werden die Beiträge gezeigt: Ein Teilnehmer hat Berliner Insekten fotografiert, eine andere Moabiter Biertrinkerinnen und jemand drittes Straßenkreuzungen von oben. Laura ist als Letzte an der Reihe. Sie ist mit Abstand die Jüngste, deren Bilder ausgewählt wurden.

»Mein Thema ist Freundschaft«, sagt Laura ins Mikro und schaut dabei nach unten auf das Rednerpult, als ob sie diesen einfachen Satz ablesen müsste. So schüchtern kennt Jona sie gar nicht.

Das erste groß an die Leinwand projizierte Foto zeigt den Imbiss und Deniz' Mutter, die lachend aus dem offenen Tresenfenster zur Straße rauswinkt. Vor dem Fenster steht die Rabbinerin mit Kippa und winkt zurück. Den Namen des Geschäfts kann man lesen, alles andere rundherum hat Laura weggeschnitten. Kein Turnschuh rennt aus dem Bild.

»*Arkadaşlar* heißt *Freunde*«, sagt Laura und blickt endlich ins Publikum. »Freunde findest du überall. Mehr habe ich dazu nicht zu sagen. Meine Fotos sprechen für sich. Und natürlich auch die Musik.«

Jetzt lacht Laura sogar und gibt der Technik ein Zeichen. Ein Rapp mit dem Refrain »Ey, mein Freund, moy drug! Arkadaşım, arkadaşım, moy drug!« erfüllt den Saal. Lauras Bilder zeigen Irina und Aysun beim Kickboxen, Max und Deniz, die Faxen schneiden, Deniz und Jona Arm in Arm über Steine hüpfend. Aha, dafür also waren sie Fotomodelle, um dicke Freunde zu sein. Ganz schön dreist von Laura, denkt Jona und muss grinsen. Es folgen Bilder von anderen Kindern der Klasse und von einer Gruppe älterer Menschen, die im Kleinen Tiergarten ihre Gesichter mit geschlossenen Augen in die Sonne recken. Und schließlich kommen noch Bilder, die Laura später in ihren Beitrag geschmuggelt haben muss. Franz steht im Juwelierladen oben auf einer Leiter und Herr Hansen reicht ihm von unten Werkzeug. Ein anderes Bild zeigt fünf Kinder, die am Strand gemeinsam in die Luft springen. Das Foto hat doch gar nicht Laura gemacht, sondern die ältere Dame mit quietschgrüner Badekappe, die erst gar nicht kapiert hat, wie und wann sie auf Lauras Handy drücken sollte. Die Kinder mussten mindestens zehn Mal mit hochgezogenen Knien, witzigen Gesichtern und wild rudernden Armen in die Luft springen, bis Laura mit dem Bild zufrieden war. Per Photoshop hat sie allen verschiedenfarbige Basecaps aufgesetzt und ihre Namen reingeschrieben: Max, Laura, Deniz, Jona, Irina. Das Käppi von Deniz ist rot und hat einen schwarzen Schriftzug.

Deniz hüpft als Erster vom Stuhl und klatscht. Die drei anderen machen es ihm nach und plötzlich stehen alle im Saal und klatschen laut. Etwas verlegen und zugleich megastrahlend rennt Laura vom Podium runter zu ihren Freunden.

»Ey, mein Freund, moy drug! Arkadaşım, arkadaşım, moy drug!«, singt die Rapperin, während die Fotos wieder von Anfang an gezeigt werden.

Glossar

levone-licht (jiddisch): Mondschein

lunnij svet (russisch): Mondschein

maltschiki (russisch): Jungs

Schabbat (hebräisch): Ruhetag (wöchentlicher jüdischer Feiertag, der mit Sonnenuntergang am Freitagabend beginnt und am Samstagabend endet)

Schabbat Schalom (hebräisch): Schabbat des Friedens (Begrüßungs- und Wunschformel, die von Freitagmorgen bis zum Ende des Schabbat üblich ist)

Bar Mizwa (hebräisch): wörtlich »Sohn des Gebots«. Junge, der die religiöse Volljährigkeit erreicht hat. Auch das dazugehörige Ritual in der Synagoge heißt »Bar Mizwa«, bei Mädchen »Bat Mizwa« (»Tochter des Gebots«).

Tora (hebräisch): wörtlich »Weisung«, »Gebot«. Fünf Bücher Moses, Teil der hebräischen Bibel.

Jalla! (hergeleitet aus dem türkischen und arabischen »Yallah«): Los! Beeil dich!

Vallah (türkisch und arabisch): bei Gott, ich schwöre

Aptal mısın? (türkisch): Bist du dumm?

My borolis (russisch): Wir haben gekämpft

ochen' khorosho (russisch): sehr gut

My etogo ne delali (russisch): Wir haben es nicht getan

Çüş! (türkisch): Oha! Krass!

arkadaşlar (türkisch): Freunde

En güzel deniz henüz gidilmemiş olanıdır (türkisch): Das schönste Meer ist das nicht befahrene (Titel eines Buches mit Gedichten von Nâzım Hikmet)

en güzel deniz (türkisch): das schönste Meer

en güzel Deniz'im (türkisch): mein schönster Deniz

anne (türkisch): Mutter, Mama

Haydi! (türkisch): Los! Auf geht's!

Dikkat! (türkisch): Achtung! Vorsicht!

Blumen, wos ich benk noch (jiddisch): Blumen, über die ich nachdenke

tercüme (türkisch): Übersetzung

Vnimaniye! (russisch): Achtung! Vorsicht!

Bol'no? (russisch): Tut es weh?

Osvobodi yego (russisch): Lass ihn frei

moy lyubimyy (russisch): mein Liebster

moy drug (russisch): mein Freund

arkadaşım (türkisch): mein Freund

Danksagung

Als Stipendiatin der Akademie für Kindermedien (AKM) fing ich an, die Geschichte um die Großstadtdetektive zu entwickeln. Mein Dank geht als Erstes an die AKM, insbesondere an die von Alison Norrington geleitete *Story World Gruppe* mit Sophie Kirby, Sophie Oldenstein und Olivia Vieweg. Ein großes Dankeschön gilt Johanna, die in der AKM-Zeit mein »Patenkind« war und mir mit ihren damals zehn Jahren gute Anregungen geben konnte. Johanna hatte recht: Kinder können Erwachsene besiegen, sie müssen nur trickreich vorgehen!

Meiner Berliner Schreibgruppe um Claudia Kühn möchte ich für hilfreiche Impulse vor allem zu Beginn der Schreibphase danken. Anna Maria Praßler und Marie Hüttner haben mir zum gesamten Manuskript wichtige Feedbacks gegeben. Türkân Kanbıçak danke ich für ihren bewährt kritischen Blick auf mögliche Klischeefallen und für die Korrektur des Türkischen, Anastassia Pletoukhina für gemeinsame imaginäre Reisen nach Lübeck sowie in russischsprachige jüdische Milieus, Gabi Stoek fürs Korrekturlesen und Gesa Ederberg für ihren Humor: Als Rabbinerin der Synagoge Oranienburger Straße hat sie sich über den Besuch von Jona und Deniz sehr gefreut.

Meine Agentin Annette Wolf von der Literarischen Agentur Kossack hat das Manuskript an den genau richtigen Verlag vermittelt! Ich bin glücklich, dass die fünf Großstadtdetektive bei Beltz & Gelberg ihr Zuhause gefunden haben, danke Daniela Kohl für die wunderbaren Illustrationen und Isabelle Ickrath für das engagierte Lektorat.

Meinem Sohn Jonas danke ich dafür, dass er seinen Namen für die Kinderbuchfigur freigegeben hat. Ihm und meiner ganzen Familie verdanke ich zudem viele vergnügliche Gespräche rund um mögliche Abenteuer in Berlin.

»Hühner sind wie Menschen, nur ganz anders«

Mareike Krügel

Almuth und der Hühnersommer

Roman
Mit Bildern von Melanie Garanin
Gebunden, 192 Seiten
Beltz & Gelberg (75715)
E-Book (75716)
Ab 9 Jahre

Almuth will später einmal zur Feuerwehr und »Retterin« werden. Jetzt muss sie erstmal das Huhn Ingeborg vor dem Hahn retten. Bald hat sie auch die freche Joy und Said, den Jungen vom Feuerwehrteich, in ihr Herz geschlossen, mit denen sie durch die Gegend tigert. Sie ahnt noch nicht, dass in diesem Sommer noch ganz andere Herausforderungen auf sie lauern und dass man von Hühnern eine Menge Dinge über das Leben lernen kann.

Ein inniger Roman für Kinder, aufregend wie das Leben, feinsinnig, klug und witzig erzählt.

»Eine extrem vergnügliche (Sommer-)Lektüre!«
Christine Knödler, Süddeutsche Zeitung

www.beltz.de

Wie man einen Spinner besiegt

Stefanie Höfler

Helsin Apelsin und der Spinner

Roman
Mit Bildern von Anke Kuhl
Gebunden, 192 Seiten
Beltz & Gelberg (75555)
Gulliver (81006)
E-Book (75555)
Ab 9 Jahre

Helsin ist eigentlich immer gut gelaunt. Bis auf die Momente, wo ihr etwas nicht passt und die Wut in ihr kocht. Da hat sie einen Spinner. Wie an dem Tag, als Louis neu in die Klasse kommt, »Helsin, Apelsin« in ihr Ohr murmelt und sie ihm auf die Nase haut. So fängt alles an. Dann hat Helsin eine dumme Idee und klaut aus Rache Louis' Fidschileguan. Jetzt hat sie ein dickes Problem.

»Wie die Autorin hier die Gleichzeitigkeit von Wut, Rache, Angst vor Entdeckung und aufkeimendes Mitgefühl für den ›Beklauten‹ in Worte fasst und damit auch die großen Themen Liebe, Freundschaft und Ehrlichkeit beleuchtet, ist mitreißend.«
Ulrich Karger, Der Tagesspiegel

www.beltz.de

Tada, tada, das ist Bahar!

Michael de Cock

Hier kommt Bahar Bizarr

Roman
Mit Bildern von Arevik d'Òr
Gebunden, 90 Seiten
Beltz & Gelberg (75891)
E-Book (75892)
Ab 9 Jahre

Bahar hat zwei Mütter. Ihr Vater ist eine Kaulquappe, erzählt sie den Kindern in der neuen Klasse. Und ihre eine Mutter ist die berühmte Schlagzeugerin einer Rockband. Das ist zwar nicht komplett gelogen, doch sonnenklar ist auch, dass Bahar damit allerhand durcheinanderwirbelt. Wie sie da wieder herausfindet, bis zum überraschenden Schluss, ist eine funkelnde Geschichte voller Herz und Witz.

»Ein Buch, das einfach großen Spaß macht und das man, genauso wie Bahar, einfach ins Herz schließen muss.« *Pluizuit*

www.beltz.de